新潮新書

立川キウイ
TATEKAWA Kiwi

談志のはなし

926

新潮社

まえがき　「囃されたら踊れ」

「キウイ、なんか書いてみな」

師匠から今回、そう言われた気がしました。

早いもので、師匠が逝って10年。その年にこうして本を出せたのは、何だか師匠からのギフトのように感じています。

とりあえず本を書くまでの経緯をお話ししますと、これは2020年の2月、都内練馬の居酒屋でのことです。

「ドローンが飛び立つ時、あっしはこの辺でドローンしますんで、と言ってますよね？」

今どき誰がドローンしますと言うのかと思いましたが、低く落ち着いた声でオヤジギャグをかましてきたのは、新潮社で僕の著作『万年前座　僕と師匠・談志の16年』を担当してくれた編集者Oさんで、電話がかかってきたんですね。

ちなみに師匠は駄洒落が嫌いで、

「品がないし、予定調和の言葉の音合わせだ」

と、よく言ってました。

そんでとりあえず練馬で待ち合わせて居酒屋へ。そして呑みながらOさんから言われたんです。

「キウイ師匠、どうです、また本を書きませんか」

そしてこう続けました。

「前作から10年が経ちました。この節目にまた書いてみませんか。実は今でも忘れられないことがあるんです。前著の件で、根津の家で談志師匠とお会いできた時、帰り際に深々と頭を下げて〝馬鹿がお世話になっております。どうかよろしくお願いします〟と僕にご挨拶してくれたんです。高座の時と同じように」

そういえば、師匠はよく言ってたっけ。

「俺は、お辞儀だけは馬鹿っ丁寧だと言われる」

Oさんも、師匠が高座の時のように、座って後頭部どころか後ろ首まで見える、師匠のお辞儀の美しさに深く感動したそうです。

それで令和に元号が変わった今も、立川談志に極楽寄席からチョイと娑婆へ「おかえりなさい」で、またお会いしたいなと。

そりゃ、師匠の著作や音源は沢山あります。でもそういうものとは違う、もっと普段の師匠、談志のはなしにまた触れてみたい。そうなると、弟子の中では一番長く師匠といたキウイ師匠、如何でしょうかみたいな。

つまり、今の状況だとイタコのキウイってことかしら。

『立川雲黒斎家元勝手居士』

これが師匠の戒名で、生前から自分で決めて付けていました。

「坊主に高いゼニ払って付けてもらうこたぁねぇ」

高座でもネタにしていましたからね。でも、この戒名のせいでどこの墓でも良い顔をされず、どうにか本郷にある霊園に落ち着きましたが、師匠って死んでからも問題児だったんですね。

立川談志。本名は松岡克由。昭和11年、西暦だと1936年1月2日生まれ。

16歳の時に五代目柳家小さんに入門して「小よし」。18歳で二つ目「小ゑん」。27歳で真打昇進「五代目立川談志」。

71年に参議院議員に当選して、のちに沖縄開発庁政務次官就任。

83年7月、落語協会から独立して落語立川流を創設、家元に。

とにかく落語界はいうまでもなく、枠を越えて多方面に色々な影響を与えましたし、たくさんの逸話もある師匠でした。

2011年11月21日、喉頭ガンにより75歳で逝きます。

そういや師匠が亡くなってから少し落ち着いて、一門が集まり、今後どうしていくのか話し合いになった時のこと。

一門の代表は、一番弟子の土橋亭里う馬師匠に決まりました。そして他にも色々と議題があがります。

でも、まだ師匠が死んでそんなに経ってなかったからかもしれません。色々なことを決めていく中で、僕は不思議で仕方なかったんですね。

「どうして、いつものように師匠が決めないんだろう?」

考えるまでもなく、師匠がいなくなってしまったから一門がこうして集まってるのに、でもそう思ってしまうくらい師匠の存在は大きかったことと、師匠はもういないんだということをこの時に実感した気がします。

立川キウイ。本名は塚田洋一郎。昭和42年、1967年1月11日生まれ。

1990年12月8日、23歳の時に談志に入門して「キウイ」。

しかし、落ちこぼれやはぐれ者が集う落語家の世界でも前例のないはぐれ者に。それというのも前人未到の前座16年半という落ちこぼれで、しかも途中で破門3回。下積みにもほどがある「万年前座」でした。

このまま死ぬまで前座だろうという周囲の期待を裏切り、07年7月に奇跡の二つ目昇進。

そこへ折しも「落語家本ブーム」がきており、その長すぎる前座生活と二つ目になるまでを新潮社で本にすることが叶います。この時に担当編集者だったのがOさん。09年11月『万年前座　僕と師匠・談志の16年』を刊行。それを読んだ師匠が「よく書けてる」とほめてくれて、出版による前代未聞の真打昇進となり結果、現在の落語立川流の中では前座が一番長く、二つ目が一番短いという、バランスの超悪い真打に。

11年、その年の落語界では唯一の新真打でしたが、喜びも束の間、3月11日に未曾有の天災が起こり、昇進を自粛すべきか否か迷いましたが、二つ目と同じ7月1日付けで昇進。

そして11月に「談志が死んだ」。

「お前が真打になるから、師匠の死期を早めた」

兄弟子である左談次師匠から、お約束で突っ込まれたりしましたけど、それで結果的に談志生前最後の真打となりました。

あれから月日は流れました。色々と変わりました。師匠がいないのも当たり前になっています。没後10年、やはり僕も師匠に会いたい時もあります。

それでこの度、僕自身も書くことを通して、また師匠と会えるんじゃないかと。突然に話をふられてビックリもしましたが、このコロナ禍で落語家もフリーランスですから大変でして、なのでこれは師匠が天からくれた有難い仕事ではないかと。

「弟子はみんな馬鹿だ。それはみんな自分個人の発想で俺を見てるからだ」

師匠は、弟子が自分のことを書いたり喋ったりするものについて、よくそんな風に言ってましたし、それは弟子に限らず他の誰に対してもそのように思ってたようです。

なので僕も同じ轍を踏むのかもしれませんけど、でも書いたものをほめて真打にまでしてくれましたし、先のとおり師匠の声がしたような気になったので、もう開き直って気にせず書きます。だってチャンスであり、僕も食っていかねばなりません。

本作は、師匠を軸に自分のことも含めて、兄弟弟子であり師匠の周りにいた方達、そこで見た聞いた思ったことを僕が耳にした師匠の言葉でまとめており、またエピソードもありますので、楽屋噺としても楽しんで頂ければ幸いです。

何せ本を書くのは10年ぶりですし、当時は16年の鬱積がありましたから勢いで書けたけど、今じゃ呑気でボンヤリした立派なヘタレ。

「囃されたら踊れ」

師匠はそれもよく言ってました。マゴマゴしてたら囃子も終わる。チャンスも逃げる。というわけで根性で書きます。プレッシャーに負けない。進歩といえば前回は手書きでしたが、今回はスマホ。それはOさんが打ち直す手間が減ると喜んでくれました。

「情報を疑え、常識を疑え、人間なんて支離滅裂、いいかげんなものだ」

戦争体験のある師匠は、戦後の価値観がガラリと変わった体験をしているので、もともと斜めからモノを見る人だったんでしょうけど、そうした視点を強く持っていました。

「新聞で信じられるのは日付だけ。テレビを見ると馬鹿になる。マスコミは大衆の無知につけこんで煽ってきやがる。そして手の平返しは早い」

そんなことも言ってたっけ。

「俺は間違っていると思えるから正しい。少なくとも自分は正しいと言って疑わない奴よりは正しい」

自分にも疑問を持って生きる師匠でした。

とにかく気楽にページをめくってみて下さいまし。やっぱ談志師匠って面白いこと言うんだなとか、お弟子さんも大変だったんだな、逆に談志師匠もそうだったのか、芸人落語家ってそういう世界なのか等々、ボーッとしてゆっくりと是非。

読んでいて何だか師匠に会ったような気分になれたり、なんとなく何かが気持ちに届いてくれたりしたら、とっても嬉しいです。

では一冊、申し上げます。

（ちなみに、各章のタイトルも師匠のお言葉です）

談志のはなし●目次

まえがき　「囃されたら踊れ」　3

第一章　「舟底をガリガリかじる春の鮫」　15
「小言は己の不快感の解消である」「何か言われたら全部その場で使っちゃえ」
「お前も自分をどう見せるのか考えろ」「ウンコは大事にしなきゃいけねぇ」
「名刺を持つな」「俺から目を離すな」
「面白い生活をしてない奴に面白い話は出来ない」「基礎はキチンとやれ」
「食いものを粗末にするな」

第二章　「毒ガス、七月、八月」　53
「落語はどうでもいいからキチンと歌をおぼえてこい！」

「俺の高座はドキュメントである」「夫婦というものは性格の合わないほうがいい」

「親切だけが人を説得する」「商売人と芸術家のソリが合うわけねぇ」

「努力とは馬鹿に与えた夢」「古舘をヨイショしてダンカンみたいになれ」

「俺はね、一流じゃないの、二流、超二流なの」

第三章　「小さいことにクヨクヨすること」

「ああ、談大無念也。お前は俺の弟子なのだ、バカヤロウ」

「ワゴンがなければ、なんで大八俥で来なかった！」

「俺がその時々で言うことが変わるくらい、弟子なら判りそうなもんじゃねぇか」

「誰に何を言われてもやり続けろ」「いいよ。大丈夫だ。弟子がいるから」

「人間は未練で生きている」「ガンじゃない奴は死んじまえ」

第四章　「勝手に生きるべし」　153

「お父さん、寝ちゃって大丈夫かい」「正月や狸が見てるクリスマス」
「俺の身の回りのこと、言い付けが出来ない奴は売れねぇ」
「心臓なんてなくてすみゃないほうがいい」「お前、字が書けるんだな」
「師匠に意味があるとしたら、落語の歴史の中にいたということを残してやれることだ」
「お前は俺の弟子なんだ」「放送禁止文字（弟子への最後のメッセージ）」
「（無言）」「家元にも若い者の行動は理解りません」
「目玉焼きと日の丸と下手投げ」

あとがき　「二つ、いいことはない」　217

第一章　「舟底をガリガリかじる春の鮫」

（このセンスが判るかが勝負だと言ってました）

「小言は己の不快感の解消である」

「親父の小言と冷や酒は後から効いてくる」

そんな文言を居酒屋のトイレとかで見かけたりしますが、小言って後から効いてくるというか、当人にとって本当に役に立つもんなんでしょうか。

「小言は己の不快感の解消である」

師匠はよくそう言っていました。だとしたら小言ってパワハラですよね。

これは兄弟子である談春兄《あに》さんのベストセラー『赤めだか』の話で、知ってる人は知ってると思いますが、チョイと大変なことがありました。2008年のことです。

その『赤めだか』の書評を、これまた兄弟子である談四楼師匠が書いたんですね、もちろん応援のための宣伝で。そしたら師匠がお怒りになったんです。

「談四楼はクビだ。あんな本を持ち上げやがって」

普通なら何で？　と思うでしょう。だって読んでて面白いし、その後、ジャニーズは二宮和也さん主演で、テレビドラマにもなったんですから。

どうやら思いますに、これは師匠が嫉妬されたんじゃないかと思いました。だって師匠は本当に負けず嫌いでしたもん。

それというのも、師匠の周りにいる人が皆んなして『赤めだか』をホメちぎりましたからね。それが一人、二人ならまだしも、本当に多かったから、師匠にしたら面白くなくなっちゃったんでしょう。落語家の中で一番売れた本になりましたし。

「いやぁ～談春さんの本、読ませて頂きましたが実に味わい深い。なかなかあれだけのものは書けませんよ」

これは当時、僕がお手伝いしていた、師匠御用達の銀座のバー美弥のカウンターで、実際に聞いた会話です。もちろんお客さんにしたら悪気はありません。むしろ談春兄さんをホメるようにして、実は師匠をホメるつもりで言ってることです。

「そうか……そんなにいいのか」

師匠のコメカミがピクッと引きつったのを僕は見逃しませんでした。しかしお客さんはここだと思ったのでしょう。

「ええ、いいですよ。また落語も師匠ゆずりで似てきて、もしかしたら談志を継げるくらいになるんじゃないですか。師匠も楽しみですね」

うあああああ〜っ！　心で思いっ切り叫んでました。

決して悪気から言ってるんじゃないのは伝わります。良いお弟子さんが育ってますねって言いたいのも判ります。でも今は逆効果！

「よくわかった。おぼえておく」

師匠のその静かな返事が、非常に重く冷たい何かだったのは言うまでもありません。だから、そういう一つ一つが徐々に蓄積されてったんじゃないかなと。

漫画の神様、手塚治虫先生でこんなエピソードがあります。

「あんなのは漫画じゃない」

これは手塚先生が誰かから言われたのではなく、手塚先生が言ったんですね、間接的にでしたが石ノ森章太郎さんに。

石ノ森章太郎さんといえば『仮面ライダー』や『ＨＯＴＥＬ』など、様々なヒット作がいくつもある大漫画家です。その石ノ森さんの才能にあの手塚先生でさえ嫉妬してしまい、そんな発言をしてしまったのでしょう。石ノ森さんはショックを受けたそうです。

それで手塚先生はすぐに石ノ森さんの自宅を訪れ謝罪したそうです。

「自分でも何であんなことを言ったのかわかりません。本当に自分で自分が嫌になります。本当に申し訳ありませんでした」

　直接そう言って謝ったんだそうです。

　ちなみに師匠は手塚先生を大変に尊敬していて、落語立川流の顧問も引き受けて頂いてました。

「天才とは質と量を兼ねそなえていて、世界に二人いる。ダ・ビンチと手塚治虫だ」

　生前、「天才」の話題になると、必ずそれを師匠は言ってました。けどやはり落語の天才は漫画の天才とは違います。

「談春のやつ、タダじゃおかねぇ！」

　その怒りの矛先をぶつけられてしまったのが、つまり談四楼師匠だったのでしょう。

「ブルータスよ、お前もか」

　師匠はカエサルの心境だったのでしょう。でも談四楼師匠にしたらそんなつもりは全くありません。トバッチリです。師匠から連絡があったのでしょう。当時、師匠のTVレギュラー番組の収録先まで飛んで詫びにきていました。

「申し訳ありませんでした！」

　ひたすら頭を下げていました。しかし師匠は怒りを抑えて落ち着いて、

「お前と俺とでは価値観が違う。お前の認識は間違っている。今回はダメだ」

それから少しして、談四楼師匠から電話がかかってきました。改めて師匠のお宅に詫びに行くので、何を持っていったらいいのか、その相談でした。

「果物の詰め合わせはどうだ？　いや、あなたがキウイだからそう言ってるんじゃないよ」

「わかっております。でも詰め合わせより、ドリアンとか師匠の好きなのを持っていった方がポイント高いかと」

結局その時は決まらず、何か別のものを持っていかれたそうですが、そしてまた少しして、確かお江戸上野広小路亭の寄席の帰り、

「キウイ、いいから付き合え」

有無も言わせないお誘いでした。そして近所の居酒屋へ。談四楼師匠の言葉のダムは決壊しました。

「どうなんだよキウイ、爪楊枝だせ、爪楊枝。『赤めだか』の件、ウソッパチばかり書いてる本だって言ってんだよ。談春は師匠から言われて、入った店から爪楊枝を持ってきたって書いてて、俺はそんなことをさせたおぼえはないって怒ってんだよ」

そうですよ、兄さんが自主的にしたんですよと茶々を入れたくなりましたが、そんな雰囲気ではありません。

「そんなウソッパチの本をお前は評価したんだってズッと小言だ。俺だって師匠から言われて泊まったホテルから塩胡椒を持ち出したことあるぜ。キウイだってテーブルくらい持ってきたことあんだろ？」

兄弟子、それじゃ泥棒ですよとツッコミたくなりましたけど、談四楼師匠も小言が理不尽だったので、ついそう言っているだけなんでしょう。ここは黙って聞いてるに限ります。

師匠も嫉妬が原因の小言だから、そんなことしか言えなかったんだと思います。これで相手が弟子じゃなければ愚痴になってしまいますからね。

それから焼酎が2本は空いて、最後は僕への小言。

「キウイ、俺が教えた『大工調べ』、俺がお前くらいの時はもっと上手かったぞ。お前も落ち着きゃ一人前なんだから、もっと頑張れ！」

どんだけ談四楼師匠も辛かったのかが判りましたが、でも、師匠が弟子に対してそんだけ闘志をむき出しに出来るのはスゴイと思いました。だからこそ立川談志だったのだと思います。

師匠は嫉妬について談春兄さんに、「己が努力、行動を起こさずに対象となる人間の弱みを口であげつらって、自分のレベルにまで下げる行為」と、そう教えています。

その教えた相手に自分の嫉妬を隠さない、晒すスゴさ、それも師匠なのでしょう。

この時は不快感の方が強かったんでしょうけど、師匠の本当のスゴさはそれを何とかしようとすることです。

「ひがみからは何も生まれない」

師匠はそう言ってました。ひがむのはあるだろうが、そのままにしてる奴はそれまでだと。嫉妬していても状況は何も変わらない。現実は正解なのだから、同意する仲間を作るより、状況を変える行動を起こせと。

それから師匠は、

「落語とは江戸という〝風〟〝匂い〟の中で演じるもの」

という名言を刻んだ本、『談志最後の落語論』を書きました。この件があったからというわけではないでしょうけど、形にして結果を出しています。

もしかしたら師匠は談春兄さんにも言葉だけじゃなく、行動で嫉妬とその処理を見せ

たのかもしれません。でも何やら後日、師匠は談四楼師匠に、

「怒りすぎた」

そう言って破門の話は立ち消えたと聞きました。結果、手塚先生と同じですね。

「天才というのはどこかイビツでしょう。僕らは凡庸だから妙にバランスがとれてしまっている」

これは当時をふり返った、石ノ森章太郎さんの手塚治虫先生の評。

小言も相手のための場合もあるけど、本当は自分のためのものじゃないでしょうか。上のストレスの問題が下に行く。でも下もその立場になれば判るかも。

「貧乏人は金持ちの苦労がわからない」

師匠のこの言葉によれば、上にも上の色々があるんだぞと。

後年、この件を談四楼師匠はネタにして本に書きました。『談志が死んだ』で新潮社から出てます。落語家はトラブルも飯のタネ。

やっぱり小言って後から役に立つんですね。当人の受け止め方、取り扱い方にもよるんでしょうけど。

「何か言われたら全部その場で使っちゃえ」

　談春兄さんの爪楊枝の話を書いたので、別の兄弟弟子の爪楊枝の話も書きます。

　これは丁度その『赤めだか』騒ぎの時、志の輔師匠から聞いた楽屋噺。

「キウイ、師匠は爪楊枝で談春にお怒りみたいだけど俺だってあったぞ、その爪楊枝」

　これは志の輔師匠が前座だった頃、だから昭和の当時も兄弟子に限らず我々は前座の時、師匠と一緒に食事するのは許されないんですね。

　師匠がお店で食事をしてたら、その店の出口あたりでジャマにならないように外で待ってなくちゃならないんです。だから大雪だった日、風邪をひいた弟子がいましたもん。それも談志門下の前座修行の一つでした。

　それを志の輔師匠も同じようにしてて、そんで食事が終わったあたりでススッとテーブルまで迎えに行くんですよ。

　そしたら師匠からこう言われたそうです。

「志の輔、そこにある爪楊枝をカバンにしまえ」

それで兄弟子は1本でいいだろうって思って、でも予備で2本抜こうとしたら、違う！　全部だ！　って怒られたらしいんです。

「これ全部ですか？　お店の人が見たらヤバイんじゃないでしょうか？」

「いいんだよ。何か言われたら全部その場で使っちゃえ。それなら文句も出ねぇだろう。ここで使うか家で使うかの違いだ」

志の輔師匠にもそうした修行はあったんだそうです。しかし全部その場で使ったら歯茎から血が出て大変ですよね。

「でもな、キウイ、師匠はそれだけじゃ済まなかったんだよ」

「何があったんですか？」

「新宿のホテルで師匠がトイレから出てきたらな。志の輔、中にトイレットペーパーが沢山あるからカバンに詰められるだけ詰めてこいって言われたんだよ」

兄弟子はホテルの人が見たら全部その場で使う覚悟で、必死に詰めてきたそうです。

「談春は爪楊枝だけだからな……」

その時、打ち上げで渋谷のお店で同じテーブルにいたのですが、志の輔師匠は僕ではなく先にある店のトイレを遠い目で見てました。

あんなに虚無な目をする志の輔師匠は初めて見たので、これはとてもよくおぼえてます。

「世の中は理不尽で成り立っている」

これも師匠のお言葉ですが、修行時代は師匠が世の中になるので、そりゃもう、ねぇ、ウヒィ。

そういえば「植木をどっかから持ってこい」と師匠に言われて、それで隣の家のを引っこ抜こうとした前座がいたそうです。

「このウス馬鹿野郎！　町内をはなれろ！」

あやうく破門になりかけたんだとか。

爪楊枝ならまだまだ。

「お前も自分をどう見せるのか考えろ」

これは真夏の暑い盛りの昼下がりのことでした。

とあるイベントで、ビールの呑み比べがありまして、要は○○ビールが一番だという宣伝で、

「ビールは○○にかぎる」

という、『目黒の秋刀魚』のサゲみたいなのを師匠に言ってもらい、それで〆てチャンチャンってのがあったんですね。実は師匠って酒が弱いんですよ。トークこなしながらチビチビやってるうちイイ心持ちになってしまって、そろそろ司会の方が〆ようとして例の目黒の秋刀魚をふったんです。

「談志師匠、ビールはやはりどこが一番美味しいですか？」

そしたら師匠はニッコリ笑って、

「酔えばみんな同じ」

すっかりイベントの意味がなくなってしまったことがありました。

その後、司会の方が一生懸命にフォローを入れようとして、

「談志師匠、やっぱり○○ビールは違いますよね？」

「○○ビールはひと味違いますよね？」

青くなって必死に聞いてるんですが、

「吾輩はね、J＆Bのハイボールが一番好きなんです。グルーチョ・マルクスがね
……」

ドンドン違う方向に行ってしまい……、

「今日、談志師匠が一番召し上がったのは○○ビールでしたー！」

と無理矢理まとめたことがありました。

そしてその司会者の方は後で楽屋に来て、

「さすが談志師匠です。こんな司会は初めてでした」

と逆に感激してたので、やはり人間はどっかで型破りを期待してるもんなんだなと思ったっけ。けど、もしかしたら師匠はそれを確信犯でしたのかもしれないと思ってます。

だって以前、こんなことを話してくれてましたから。

「お前も自分をどう見せるのか考えろ、計算しろ。人前に出るというのはそういうこと

だ。自分がそのまま受け入れてもらえるなんてまずない。そりゃ、俺みたいになれるならいいけどな」

　だからその日も、師匠は○○ビールをグビッと呑んで、

「ビールは○○にかぎる」

　そんな台本通りにはせず、なんたって名の知れたビールのイベントですから話題を狙ったのかもしれません。リスクも承知で立川談志を演出したんじゃないかなと。だって真面目にビール呑んでくるだけなら、立川談志じゃなくてもいいですもの。

　でも師匠はこうも言ってました。行きつけだった銀座のバー・美弥で石原慎太郎さんと呑んでた時です。師匠が石原さんに聞きました。

「世の中に言いたいこと、どんくらい言えてる?」

「半分も言えてない」

　そして石原さんが逆に聞き返しました。

「談志は好きなこと言えてるだろう?」

「そうでもないよ。立川談志を求められるしな」

　そうしたら石原さんがニヤッと意味ありげに笑いました。その会話は今でも印象に残

っています。

その石原さんが意欲を示していた東京五輪が今年、1年延期で開催されました。

師匠は生前、五輪には一言あったようです。それは……。

「百足《むかで》競走を競技種目に入れようよ。百人でやる百足競走、いいぞォー。北朝鮮は早いぞォー」

師匠は北朝鮮の行進パレードは好きでしたからね。

金正日マンセー！

あとは「ほふく前進」。少なくとも「競歩」よりは面白いだろうと言ってました。

もし今も生きてたら「エスカレーターの逆走り」推しでしょう。

「落語家なら逆目を張れ。人が思い付かない違うことを言え」

師匠はよく弟子にそう言ってましたので、それが師匠の自分の見せ方だったのだと思います。

「ウンコは大事にしなきゃいけねぇ」

師匠はウンコを大事にされてました……って別に変な趣味じゃありませんよ、念のため。

「ウンコは大事にしなきゃいけねぇ」

それで散歩がてら、バー美弥へ立ち寄るつもりで、フラリと帝国ホテルへ。

やはり帝国ホテルはトイレも綺麗で立派。そこで師匠は優雅に用を足すと。

「いいもんだよ、週刊誌や新聞なんざ落ち着いて読めて」

わざわざ家から帝国ホテルに行って、それで帰りに美弥に寄ってJ＆Bのハイボールをチビリ。

「こういうのを、本当の贅沢っていうもんなんだ」

師匠からそう言われると、ホントそうだよなと思います。

「第一、ゼニがかからなくていい」

うん、それを聞くとやっぱり師匠だなって思います。

でも冗談ではなく、たしかにそうですよ。トイレだけなら泊まらなくてもリッチな気分を味わえるし、そしてスッキリした後、馴染みの店で落ち着いて酒を呑む。良い1日の終わりの迎えかたです。

「師匠、今日はどちらに行ってたんですか？」

美弥でお客さまから話しかけられたりします。

「帝国ホテル」

実に聞こえはいいです。するとお客さまも感心するんですよ。

「へ～、帝国ホテルですか。いや、さすが師匠です。取材か何かですか？」

「今日はね、子母澤寛を読みに、いつもはウチにくる週刊誌なんだが、今日は『父子鷹』を昨夜から読み直してたんで続きだ」

「へ～、本を読むために帝国ホテルへ？　こりゃ恐れ入りました」

満更でもない師匠の顔。たしかに会話に誤りは何もありません。ただズボンをおろしてるかどうかまではお客さまも知りません。すべて事実ですしね。

でもそういう豊かさもありますよ。僕も一度やってみましたが、何か気持ちが広くなって新鮮な感覚でした。当たり前にするとクセになるかもしれません。

　ただ師匠が一度、とても悔しがってたことがあります。美弥のマスターに言ってました。

「いつものように帝国ホテルで済まそうとしたら、急にもよおしてきたんで途中の○○ホテルでやったら、春さん、ダメだあすこは」

「そんなにダメなの？」

「前の奴が流してなかった。やっぱり客の質が違う」

　師匠はウンコをするのも大事にしてました。しかしそれは良いことですよね。ウンコにも感謝。だって出てこなくなったら困りますもん。

　ちなみに師匠の良いウンコの定義とは。

「拭いたとき紙につかない」

　今やウォシュレットが当たり前ですから、時代を感じます。

「名刺を持つな」

「お前はまだ名刺を持つな」

　前座の時、師匠から根津駅に向かう道端で、突然そう言われたことがあります。

　それは前座という修行時代で一人前じゃないから、それで「まだ早い」という意味なのかと思ったら、違うんですよ。師匠は話してくれました。

「政治家はな、見栄も外聞もなく選挙カーで名前を叫んで、アチコチに遊説してお願いしてまわってるんだ。見ず知らずの人から自分には関係ないことで罵声を浴びもすれば、挨拶しても握手を求めてもスッと横向いて行っちゃう場合だってある。実に気分の悪いものだ。それでも笑顔で〝よろしくお願いします〟と頭を下げる。しかし相手は何とも思っちゃいない。だけどそれを続けてるんだ。名前をおぼえてもらうというのはそういうことだ。お前は前座というのもあるが、名刺を頂いたら後で葉書で返せ。その方が通りいっぺんの儀式にならず誠意が伝わり、お前の名前が少しは印象に残る。何か言われたら、俺からそうしろと言われたと言え」

なので僕は真打になった今でも名刺は持っておらず、作ったこともありません。前座でしたから葉書代も馬鹿になりませんでしたけど、おかげで確かにただの名刺交換よりは手応えがあります。

でも最近はそれなりの立場で年輩の人からも、

「Facebookやってますか？　申請しますね」

と言われることもあるんですね。

それで葉書代はかからなくなりましたし、やり取りも手軽で身近になりましたけど、「いいね」だけで何年も言葉を交わさない関係が増えてます。

どうかすると「鎌倉時代」などのハンドルネーム（ネット上のペンネーム）で、

「承認ありがとうございます。先日はお会い出来て光栄でした。これからもキウイ師匠を応援させて頂きます」

とご丁寧なメッセンジャーがきて、それは嬉しいんですけど「誰？」っていうこともあります。

せめて本名でお願いっ！

「俺から目を離すな」

志らく兄さんが前座の時、師匠のお付きでデパートに行ったら、ここで待ってろと言われてずっと出口で待ってたけど、師匠は来なかったんだそうです。どうしたのかと思って探したし、ずいぶんと時間も経つから電話をしたら、なんと師匠がその電話に出て、どうやら違う出口から帰っちゃったらしく、そして一言。

「俺から目を離すな」

これは兄弟子のぜん馬師匠のお話。

「大事な話があるから、銀座の美弥で9時に待ち合わせよう」

そんな電話が師匠からかかってきたそうです。

落語界では、大事な人との待ち合わせは30分前からいろと教えられているので、ぜん馬師匠は8時半から美弥に来てジッと待っていました。でも1時間たっても2時間たっても師匠は来ません。店も閉まるしどうしたのかと思って師匠に電話をしたら、

「今日だと言ったおぼえはない。お前の確認ミスだ」

と言われて電話を切られてしまったんですね。

「しょうがねぇなぁ～、ウチの大将も。ま、弟子だから仕方ないか」

ぜん馬師匠は笑ってすませてました。

これは入門したばかりの新弟子のこと。

師匠にくっ付いてアチコチお供してたら、デパートではぐれてしまったんですね。どうしよう？　どうしよう？　それでその新弟子は妙案を思い付きました。

「お客さまのお呼び出しを申し上げます。立川談志さま、立川談志さま、３階受け付けでお連れの方がお待ちです」

何と、場内アナウンスしたらしいんですよ。おいおいっ！　そして待てど師匠は来ません。当たり前です、来るわけないですよ、そんなみっともない。でも新弟子は前向きです。きっと違うとこに行っちゃったんだと思ってあきらめて出口に行ったら、そこに師匠が立っていたんですって。

「すみません！」

新弟子が走って近寄って師匠に頭を下げたら、師匠はニコーッと笑って、

「俺から目を離すからこういうことになるんだ。ま、よくあることだ。気を付けろ」

それだけ言って、場内アナウンスのことも何も言わなかったそうです。

「兄さん、師匠ってすっごい優しいんですね」

その新弟子は僕にそう言ってとても感激してましたけど、しばらくしてその新弟子は廃業《や》めちゃいました。

師匠は振り子のような二面性があって、それは今でいうツンデレだったかもしれないなと。そうしたメリハリが人をより惹きつけたのかもしれないなって。

昔からアメとムチってよく言うのは本当だし、また師匠は非常識と常識の通念でもツンデレを見せていたと思います。

「酒が人間をダメにするんじゃない。人間はもともとダメだということを酒が教えてくれるのだ」

そうした逆説もよく言う人でした。

「面白い生活をしてない奴に面白い話は出来ない」

落語家はまず入門したら前座。その前に見習いがありますか、でもとりあえず前座、これが一般的には3～4年。

そして二つ目になってここからが落語家として一人前に扱われるんですけど、だいたい8～10年でしょうかね。それで真打になります。だからトータルで12～13年前後。

自慢でも何でもなく、僕は前座を16年半やりました。異常ですよね。ハッキリ言えば馬鹿です。普通なら廃業めるでしょう。

もちろん所属団体であり、入門した師匠によって育て方の違いはありますが、ともかく落語家とはルーツの確かな師匠に入門をして修行をすること、年季を積んで師匠に認められること。

国家試験じゃありませんから、資格が法的に何かあるわけじゃありませんが、それは落語家である為の仁義だと思います。

「師匠選びも芸のうち」

よくそう言います。だから入った先の師匠によって落語家人生そのものが左右されます。でも惚れちゃったんだから仕方ないですよ。色恋だってそうですよね？　恋愛感情に勝てる人っていませんもの。

その前座って身分は虫ケラですからね、落語界的には。人権ないっすもん。それを承知で入るのがこの世界です。パワハラは前提。納得いかないなら師匠曰く、

「嫌なら止《よ》しなよ」

で廃業めればいいだけになります。師匠が存命だった頃は落語立川流って「落語界の北朝鮮」とよばれていましたからね。映画『地獄の黙示録』でいえばマーロン・ブランド演ずるカーツ大佐の王国みたいなもんですよ。危険な魅力。

こんなことがありました。僕が前座だった頃、ある落語会に前座で入り、トリが古今亭圓菊師匠。楽屋で僕に話しかけてくれたんです。

「何年やってるの？」

当時ですでに10年ほど。

「酷いことしやがる」

年季を聞いて僕の為に怒ってくれてました。圓菊師匠は正義感が強いし、優しい師匠

なんですよ。でも本当ならその怒ったことは師匠（この場合、談志）に向けてですから弟子なら腹ではムッとすべきなんでしょうけど、

「何て良い師匠（圓菊師匠のこと）なんだ！」

逆に感激しちゃいましたからね。悪い弟子です。

この時の圓菊師匠は、豚カツのお弁当を美味しそうに食べてて、半分残して「後で食べるから」と大事そうに脇へ。

高座から楽屋まで階段があって、上りの時に僕は圓菊師匠より先、上の段にいたのですが途中で何故かスッと手が出て、そしたら僕の手をシッカリ握ってくれて一緒に上りました。

そうしたことが何か自然に通じ合うというか出来る。これは団体は違えど、やはり同じ落語家の世界だからなんでしょう。今でも嬉しい思い出の一つです。

これは師匠が病気で体力が落ち、美弥にそれでも来てた時、その美弥って地下にあってせまい階段があるんですね。

そこで帰りに階段を上る際、手すりに摑まっていたんですが、手すりがなくなるところまで師匠が来たら、あ、よろけるかもしれない、と思って、圓菊師匠じゃないですけ

ど上の段にいた僕の手がスッと出たんです、この時も。

そうしたら師匠も手が出るのが判ってたかのように、僕の手を自然に握りました。

でもこの時の師匠の手はすごく軽くて、力がなくて、本当に具合が悪いんだなって手で判りました。

そして一階、地上に出た時、ふりしぼるような声で僕に話しかけてくれたんです。

「日頃、面白い生活をしてない奴に面白い話は出来ない。高座で面白いことが出来るはずがない。いいか、下積みの時にな、いろんなホコリみたいなものが付くんだ。ホコリはホコリだ。だがな、そのホコリは上に行った時、ものを言うんだ。お前の場合、踊りとかいいんだよ。それよりここにこんなバカバカしい男がいるってのを世の中に知らしめろ」

それを聞いた時、師匠がズーッと前座にしていてくれたのは、やはりそれは愛情だったんだなぁって確信したんですよね。

そして師匠は呼んだタクシーに乗って、そのまま根津のお宅に帰りました。

こうしたことを思い出して書いていると、時代もあるし良し悪しは判りませんが、何となく今や落語界の修行もカルチャースクール化というか、とてもスマートになったというか、少なくとも無茶や理不尽はかなり無くなったと思います。

逆にいえば、それは面倒くさくなくていいかもしれませんが、師匠との濃密な時間というのが過ごせなくなっているんじゃないかしら。

当時、いつまでも前座のままでキウイは不幸だ、キウイは気の毒だといわれましたし、自分でもそう思ったりもしていました。同じ落語家の世界でも団体が違えば、それこそ時代が違えば、色々なことが違うでしょう。

しかし違わないというか、違わないであって欲しいのは師弟の絆、つながり。

確かに無駄に長い、前人未到の前座の期間でしたけど、それって一皮むけば幸せな時間だったように今は思っています。落語家ってそれしかない人間がなるもので、大袈裟な言い方をすればそれも才能じゃないかなと。

落語家の本当の資格と条件とは、尊敬できる惚れた師匠がいるか否か。入門する覚悟があるかどうか。そしてその師匠の元で根を上げずにキチンと年季を積むことが条件かと。

師匠のおかげで面白い生活を僕もしてこれたなと、今それも確信しています。

師匠がいるってのもいいものです、本当に。

「基礎はキチンとやれ」

師匠は基本を重視される方でした。それは落語家も伝統の稼業であるというのをシッカリと、それも前座のうちにチャンと身に付けさせたいということだったと思います。

僕が入門して1〜2年。当時すでに前座も人数が結構いました。

あまり数が多くてもわずらわしいし、それこそ一つの仕事を二つ三つに分けてやるのも却って効率が悪く、全員はやめて交代制で二人ずつで師匠の練馬宅に通っていた時期もありました。

その時はたまたま僕が一人で師匠と昼すぎから一緒にいまして、なぜか師匠は二人きりになると妙に優しくなることがあり、その日はそんな雰囲気でした。

練馬宅は2階建てで部屋数が多く、二人きりだともの寂しいというか、目の前は畑だし、大きな道路もないから交通量も少なくて静か。せいぜい近所に大きめのスーパーがあるくらいです。

その日は言いつけの時の会話くらいで、

「あれを捨てといてくれ」

「はい」

「2階の窓を開けて、空気を入れ替えてくれ」

「はい」

そんな感じでした。日が暮れてきて、もしかしたらもう帰っていいと言われるかなと思ってたら、

「落語をしゃべっているのか、お前？」

何て答えればいいのか判らず、少しマゴマゴしていたら、

「誰かとっつかまえてしゃべってるのか？」

と聞かれたので、とりあえず、

「いえ、一人で稽古しております」

と答えたら、師匠は何も言わず、台所にある白い大型冷蔵庫の中から缶ビールを出し、丸い大きなテーブルに座って、透明のプラスチックのコップに氷を入れて注ぎ、グイと呑んでから、

「相撲の昔の番付だとか、そういう古いことに興味がなかったら、それは古典に才能が

ないと思え」

　そして続けざまにこんなことも話してくれました。

「マヌケはダメだ。お前もキザに言えば芸術家になるんだ。真面目、不真面目、関係ない。この人生の、どうしようもない辛く苦しい学習を積むことが大事なんだ。そしてオリジナリティが大切だ」

　日が暮れて暗くなってきた部屋で師匠と二人。しかもスゴイ話をしてくれてます。でもきっとそれは僕にだけじゃなく、その時々で弟子の一人ひとりに何かを話してくれてるんだろうなと肌で感じました。

「作品を忠実にやっていたら、これほどつまらないものはない。面白いことを言わなきゃダメだ。基本をやるとつまらなくなるというが、それは基本しかしないからそうなるんだ。しかし、段々としゃべれるようになると、色々と余計なことを入れて好き勝手にやりたくなってくる。だが斬り口がいいだの何だの、そんなのはたかが知れていて、気が付きゃ落語をしゃべってないことがある。それでもウケて売れりゃいいが、たいがいはチョイと目を引くだけで、ずっとは続けられない。それはチャンとし始めたら終わりだからだ。落語を手段にしている奴はダメ」

何だかドンドン話がスゴくなっていきます。師匠も話相手が今いないからにしても、何だか勿体ない気分。

「基礎はしっかりやっておけ。ウケてる落語はパロディ、落語のパロディだ。客も受け入れるのは自分と同じ素人口調だからだ。面白いのはいい。仮に高座でワーッとウケたとしよう。だがそうなると伝統がもたない。我々は伝統の稼業だ。金馬、志ん生、キチンとしているかといえばそうじゃない。不完全だ。俺も不完全だが、お前も結局は俺がいなくなればキチンとやらなくなるんだから、せめて少なくとも俺のそばにいる間はキチンとやれ。基礎はキチンとやれ。どんなに形にハメられても個性は消えない」

そして最後に念を押すように言われました。

「いいか、基本をやっていれば必ず残れる。迷ったら基本にかえれ。自分を過信する奴は馬鹿だ。残ってる奴は基礎がある奴だ」

そう言われた後、残りの缶ビールをコップに注いで、

「今日は帰っていい」

それは、つぶやくようでした。そして前座部屋に行ってカバンを持ってきて台所に戻り、

「失礼いたします」

そうご挨拶をしたら、師匠はニッと笑って、

「お前に話すなんて、才能の無駄遣いしたな」

と言ってくれましたが、その時、師匠の孤独さみたいなものを感じた気がしました。

玄関を出て、重い門を開けて出て閉めて、駅に向かおうとしましたけど、何だか放心状態で、もうすっかり暗くなった練馬の夜にポツンと灯りがついてる師匠宅の窓が、明るいけど妙に寂しく思えたのは気のせいなのかな。

その晩、師匠はいつもの根津宅には帰らず、練馬宅に一人でいたそうです。

「食いものを粗末にするな」

　あれは、まだ入門して本当に間もない頃のことでした。

　師匠の仕事のお供で地方へ行った時、土地の名士さん達との会食の席がもうけられ、そこは落ち着いた料亭、僕の分はありませんでしたが、残り物を頂きました（前座の役割の一つとして特に談志門下は残った料理はみな平らげねばならないのです）。

　すると師匠の友人とおぼしきお姉さまがいらして、

「師匠、このお弟子さん、ちょっと借りていい？」

　と言って、僕を外に連れ出してくれました。どこへ行くのかと思ったら近所のラーメン屋さん。いわゆる今でいえば町中華みたいな地域密着なお店。

「あなたはまだ若いんだから、あれだけじゃ足りないでしょ？　私がお腹いっぱいにしてあげる。すみません！　ここにラーメンと炒飯と餃子と焼そば！　あと野菜炒めもお願い！」

　今の時代なら考えられないでしょうけど、当時はまだ昭和の名残りが色濃くある平成の初期だったので、とにかくお腹いっぱいにさせてあげたいという、若い者はいつもお腹を空かせているだろうという、そんな空気があったんですね。

気持ちは嬉しいんですよ、本当に。でも今も昔も適量というか限度ってありますよね。ほんっとに思いますけど、こうした状況の時、食い切れないほど食べなきゃならないのとまったく食えないの二択なら、まったく食えない方がいいですよ、絶対に。逃げられないし、とにかく食いましたよ。まだ20代だったからかもしれません。でもほんと限界の限界。

どうにかこうにか何とか胃に押し込んだので、歩き方も気を付けないと大変。一歩間違えたら大惨事です。そして師匠のもとに戻ったら、何と目の前に大盛ちらし寿司。

「お前が残り物じゃ可哀想だからって、こちらがちらし寿司を用意してくれたんだ。残さず食え。食いものを粗末にするな」

師匠の言葉がこんなに僕を追いつめたことは多分なかったでしょう。

それで食べる為の別席に行き、どうしようかと思ってたらさっきのお姉さまが来て、

「どう？　美味しい？　若いから食欲あるのがうらやましいわ」

と笑顔で言うので、落語家になるって大変なんだなとしみじみ思いました。

とりあえず調理場に行ってラップをもらってちらし寿司のおにぎりを作り、それで持ち帰ることに成功しました。やっぱそこまで食えないっすもん。

かといって、今みたいに何でも賞味期限で廃棄廃棄とやるのも勿体ないですけれども。ちなみに師匠は食べものが腐ってても棄てるくらいなら、食って腹を下した方がいいと普段から言ってます。フードロスは許さない。

そしてその日は夜、師匠と一緒に練馬宅に帰って頂いたお土産の焼売、それを師匠が味見したいとかで蒸すことになったんですね。

師匠は本当に食にマメで、そりゃ時間がない時なら別でしょうけど、例え1個の肉まんでもレンジじゃなく蒸し器を使うんですよ、お湯を沸かして。そしたら……。

「アチッ！」

何やら師匠が誤ってお湯に指を突っ込んだんです。その時、僕も今にして思わなくても本当に馬鹿なんですけど、入門したてなのもあってパニクったんでしょう。

「ふぅーふぅー」

師匠の手首つかんで指を一生懸命に吹いてました。

そしたら師匠は流石とっさでも上手いこと言うんですよ。

「鍋焼きうどんじゃねぇや」

そしてすぐに水道で指を冷やしてました。

でも息で冷まそうとしたのが後々から面白くなってきたみたいで、

「お前は変わった奴だな。変な奴だ」

と言って焼売を2個くれたんです。

「お前みたいな弟子はいなかったな」

何か変なウケ方をしたみたいでした。

今でも蒸した焼売を見ると、時々思い出すことです。

「何か食いたきゃ自分の手で作りな」

そうすると残さなくなるって。作るために作った料理は見事に捨てるって。

「俺より頭の悪い奴が作ったものが、美味いはずがない」

食いものを粗末にする人を、師匠は俺より……と言ってた気がします。

第二章　「毒ガス、七月、八月」
（師匠って本当は駄洒落も好きだったと思います）

「落語はどうでもいいからキチンと歌をおぼえてこい！」

晩年、そしてもちろん最晩年にはそんなことは無くなってましたが、僕が入門した50代の頃の師匠は弟子とも呑んで遊んでくれてました。

それはお店ではなく練馬宅で。今でいう家呑みですか。でも前座数人とだからニギヤカでしたよ、本当に。

あれは師走のこと。入門して2年目くらい。練馬宅で前座数人と師匠は夕食を作って食べ、そしたら師匠はビールに酔いはじめて、

「お前らも呑んでいい」

そう言われて何だかよく判らない濃い緑のビンのお酒とか、外国のビールの遠い親戚みたいなのを呑まされ、とにかく師匠はゴキゲンでした。

そしたら師匠がなぜか前座の頭をバシバシ叩き出し、どうしたのかと思ったら、

「頭ぁ叩かれる時は逃げるな。かといって頭を突き出してもくるな。その間合いも人生なんだ」

と言って、何やらコントのボケとツッコミの講義になってるんですよ。

「目をつむるな！」

師匠からそう言われて頭を叩かれるのですが、酒を呑みながら頭を叩かれると酔うんですね、これがまた。しかも得体の知れない酒ですし、みんな叩かれて星をチラつかせながら呑んでました。

「いいから俺の頭を叩いてみろ」

そう言われて談慶さん、当時はワコールでしたが師匠の頭を叩いたら、

「もっと強く、強くだ」

でもなかなか師匠の頭って叩きづらいですよ。後で談慶さんが言ってました。

「俺、師匠の頭叩いたんだよね……」

一生その手は洗っちゃいけないと、誰かから言われてましたね。そしてよくあったのが懐メロ大会。これまた練馬宅で呑んで酔った師匠がゴキゲンになると、カセットテープを持ってこさせて懐メロを流し、

「お前たち唄え！」

とはじまるのです。あまりに古い歌なので歌詞も知らないし曖昧に歌うと、

「落語はどうでもいいからキチンと歌をおぼえてこい！」

と怒るのです。お客さんが来ていたりすると、師匠はサービスのつもりで前座に号令をかけ、すると銘々があちこちからダーッと集まり歌い、そのチームワークの良さに大概の人は感動してくれます。

「いやぁさすがです。ウィーン少年合唱団でもこうはいきません」

そんなことを言ってヨイショするお客さんもいました。当たり前です。ウィーンが日本の懐メロを知ってるわけがありません。くり返しの多いサビの部分だと歌詞もわかってくるので、何とか歌えると師匠は悦に入って、

「こういう歌をおぼえることがお前たちにとって財産になるんです。いいことなんです」

とウンウン頷かれるんです。

みんなに聞かせたい思いが強いのか、その間は練馬の家の戸という戸は開けっ放しで、時刻も夜中だったりします。どうかすると稽古用の太鼓を持ってきて師匠が自ら叩いたりしてた時もあります。

もちろん酔ってます。近所迷惑じゃないかなと心配にもなりますが、

「お前たち唄えーっ！」

師匠命令では仕方ありません。時に師匠は踊り出したりもしました。『イエロー・サブマリン音頭』だったと思います。そして深夜に宴は終わり、

「俺は寝る。お前たちは片付けて消えろ」

で解散になるのですが、我々は帰ろうにも電車はなく、練馬宅から僕は4時間近く歩いて帰り、そして翌日も昼から練馬宅に通う日々でした。

他の一門はどうか知りませんが、これが落語家の修行で皆んなそうやってきてるもんだと思っていて、後々そうではないと知った時はカルチャーショックをうけましたよ、マジで。

落語はどうでもいいから歌、というのは、二つ目の昇進にも大きく関わってきます。07年、孫弟子も含め前座9人が昇進試験を受けて師匠に認められたはずなんですけど、

「二つ目には合格したが、違う」

と数日後に師匠からお達しがきて、試験に合格してるのに再試験という不条理な展開となり、あり得ないちゃぶ台返し。しかも再試験の科目が超想定外の軍歌。なぜここで軍歌？　合格したけど違うって何⁉　とにかく軍歌で二つ目になれない。

その再試験もいつあるのか判らないまま、未確認情報や怪情報に踊らされてマゴマゴしていたら、

「もう面倒だから、お前らはクビにする」

と、試験に受かっていながら僕は4度目の破門になるところでした。

ご案内ですが、落語立川流の昇進の基準は、二つ目だと落語50席に鳴り物や踊りに小唄端唄などの歌舞音曲、そして講釈。真打は落語100席と二つ目の時よりもレベルアップしてる歌舞音曲です。

そうした色々を含め師匠への奮闘記として詳しくは前著『万年前座』に書きましたけど、ともかく紆余曲折を経て9人は無事に二つ目に昇進できました。

師匠には予測不能なとこがあり、それはまた後ほど書きますが、その予測不能がまた「危うさ」という魅力になっていたように思います。

「何があっても驚かないこと」

師匠はそんなお言葉もサイン色紙に書いてましたが、そういう師匠に一番驚かされっぱなしだったのが弟子だったのかもしれません。

それも楽しかったな。

「俺の高座はドキュメントである」

師匠はその昔、政治家だったこともあります。71年に参議院議員に最下位で当選。

「トリは一番終いに出る」

政治家になってもシャレを忘れない師匠でした。

そして出世して沖縄開発庁の政務次官まで務めましたが、わずか36日間でクビ。原因は酒でした。二日酔いで会見に出たんです。何やら赤ら顔で酒くさく、目がウサギさんなのを隠す為に色の濃いサングラスをしてたんだとか。

「松岡（師匠の本名）さん、公務と酒とどっちが大事なんですか？」

「酒に決まってるだろ！」

その発言が問題になり、辞任となりました。

そりゃそうですよね。

「あの会見な、記者が沖縄の失業率は何パーセントですか？　沖縄の面積はご存知ですか？　色々やたら聞くんだよ。俺はクイズ番組に出てんじゃねぇやって、答えられない俺をネタにしようとする魂胆が丸見えで腹ぁ立ったのが動機なんだよ。そこへ持ってきて二日酔いだったから、向こうはシメシメってなもんだ」

騒動について、僕は師匠からそう聞いてました。そしてそれが今日の談志の芸の在り方を決めるキッカケになったとも話してくれました。

「クビになった当時、浅草演芸ホールに行くと呼び込みが〝さぁさぁ、いらっしゃい。これから政務次官をしくじった談志が出ますよ〟って客引きしてやがった。そしたら本当に俺が出ただけで、ドッカーンって天井が抜けるようにウケるんだな。そこで俺は上手いの下手だのは関係ないと確信した。芸はその演者のパーソナリティや存在なんだな。だからお前もどこで何がどう引っかかるか判らんぞ。例えば俺が落語やってるとこにお前が殴りかかってくるとかな」

よくそんな話をしてくれて、この時、それが原点で師匠はお騒がせを立川談志で起こす演出家になったんだなと思いました。

次のヒット作は、83年に落語協会を抜けた騒ぎで、弟子が真打昇進試験に落ちたことがキッカケですけど、ちなみにこの落ちた弟子の一人が談四楼師匠なんですが、もちろん弟子のためにしたことでも、実は師匠は内心では何かで出るつもりはあったし、そのキッカケを狙って待ってたんじゃないかといううがった見方もしています。

そこに演出家の談志がいたんじゃないかと思います。

だから師匠は自ら何か事件を起こしては、それを高座でしゃべるという、要は話題作り。今風にいえば炎上芸かな。

また世間で何か起きたら師匠がそれについて何をしゃべるか聴きたくて、それで寄席に行った人は多くいたそうです。

だからか政務次官をしくじるほどではなくても、師匠は何か騒ぎを高座に持ち込もうとしていて、それもすべては落語にお客さんを呼ぶため。

一番よくあったのは「遅刻」、もしくは「来ない」。談志ファンで少し追いかけたことがある方なら一度や二度、何かで師匠が来ないという「イベント」を経験されてるはず。

「俺の高座はドキュメントである」

しかしそうなると大変なのが前座。また高座で開口一番をつとめる方も大変でした。

やはり一番大変だったのは志らく兄さん。今やテレビでも売れっ子の兄弟子です。たぶん師匠の遅刻を最もつないだ弟子じゃないでしょうか。

志らく兄さんは師匠にハマッてたので（お気に入り）、開口一番も常連。

こんなことがありました。

師匠の独演会の前座で一席やって下りてきたら、まだ師匠が楽屋入りしてなかったんですよ。それで再び高座へ。

「え〜、師匠はまだ来てません」

それで客席はドッカーン。これは鉄板でしょう。そしてもう一席やって下りてきたら、本当はここで来てくれてれば問題なかったのですが、まだ師匠は来てない。仕方なくまたまた高座へ。

でもさすがにもうウケなくなってきます。本当に志らく兄さんは辛かったことでしょう。もはや談志独演会ではなく、談志志らく親子会の形です。

これは言うまでもなく志らく兄さんに非はなく、お客さんにすれば今日はもしかしたら師匠は本当にこのまま来ないんじゃないか、そんな不安も沸々と客席にわいてきて、中には何だよこれ、という怒りすらあったでしょう。あとは志らく兄さんへの同情です。

師匠、早く来て下さい、何とか、何とか志らく兄さん持ち堪えて下さい、そう願いましたが願いは空しく、客席からヤジがとびました。

「早く談志を出せー！」

あちゃー、それはわかるけど言わないで言わないでお客さん、こっちだって必死なんだから……でもそう思ったけど何かどっかで聞いた声。

「談志は来ないのかー!」

その声の方をよく見たら、何と師匠じゃありませんか!

「出ないなら帰るぞー!」

何をヤジってるんすか師匠! 早くこっちに来て着替えて出て下さいっ!

そんなこともありました。その晩はミッチリ遅刻したのが効いたのか、やけにお客さんの安堵感が高く、とってもよい「親子会」になりました。

また遅刻だけじゃなく、来たけど落語をやらないということもありましたよ。あれは95年に国立演芸場でやった『談志五夜』という、五日間連続で豪華なゲストを招いてやった会でした。

順不同で思い出すと毒蝮三太夫さん、桂文枝（当時は三枝）師匠、桂ざこば師匠、春風亭小朝師匠、笑福亭鶴瓶師匠、古舘伊知郎さん、デーブ・スペクターさん、とにかくすごかったです。

そして発端は三夜目の打ち上げでした。

この晩、打ち上げは美弥。そこへ当時まだ勘九郎だった中村勘三郎さんが顔を出して、師匠も嬉しかったのでしょう、一緒に呑んで呑んで、また勘三郎さんが明るくて楽しいお酒ですからね。そして勘三郎さんに言いました。

「明日は俺の代わりにお前がやれ」

すごい無茶ブリ。

「師匠！　勘弁して下さいよ！　さすがにそれは無理ですよ！」

ハッキリと断った勘三郎さん。そしたら師匠はヒョイと正面にいたその晩のゲスト、高田文夫先生と目が合い、

「高田！　明日たけしを連れてこい」

高田先生の大きな目が一瞬にしてより大きくなり、飛び出さんばかりでした。

高田文夫先生も本職とは別の形で師匠の弟子で、立川藤志楼の高座名を頂いている真打の落語家です。

そしてたけしさん、ビートたけしさんも高田先生と同じ形での弟子で、当時は立川錦之助、師匠没後の今は談春兄さんの門下で立川梅春という意味深な高座名の落語家でもあります。

「よーし！　明日はどうなろうとかまわねぇ！　俺は勘九郎と呑む！」

そう言って、弟子の運転するワゴンで何と勘三郎さんのご自宅まで呑みに師匠は行きました。高田先生はたけしさんを呼ばなきゃならないから別行動。もう、そりゃ大変です。

それが深夜の1時頃だったのかな。

「落語が聴きたいな。誰かやって」

ワゴンの中で、優しい声で我々前座の弟子に勘三郎さんはそう言ってくれました。しかし「はい、やります」と天下の中村屋の前でスラスラ出来る奴はいません。

「誰もしてくれないの」

少し寂しげな勘三郎さん。そしたら意を決した弟弟子、当時は志っ平、破門になって桂文治門下に移った柳家小蝠がしゃべり出しました。よかった。

しばらく聴いてるうちにお宅に到着。

「ありがとうね」

そう言って、我々にとご祝儀を小蝠に手渡してくれた勘三郎さん。

そっか、本当は落語が聴きたかったのではなく、我々に小遣いをくれようとした気遣いだったんだなと気付きました。

そして3時過ぎくらいかな、師匠から帰っていいって我々が解放されたのは。もちろん師匠は勘三郎さんと呑み続けてました。

その時で師匠は59歳だったのかな。酔った勢いで誰かの家に行くというのは、当時はまだ落語家のお約束でした。今もそうなのかな。

とにかく我々は全員思ってました。師匠は絶対に明日は無理だと。そして案の定です。

「行きたくないいんじゃない。行けないいんです」

当時は志加吾、今は名古屋で登龍亭獅篭として活動してる弟弟子が、根津の師匠の家に迎えに行ったら横になってグッタリして、そうつぶやいてたそうです。

朝の6時すぎまで呑んでたんだとか。そりゃそうですよね。

でも、それでも何とか体を引きずるようにして楽屋入りした師匠。そしたら、無理だろうと思っていたたけしさんが楽屋に来ていました。

「あ、どうも師匠。何か呼ばれたので来ました」

国立演芸場の畳敷きの楽屋、テーブルを前に隅っこで座布団に座り、照れくさそうに頭の後ろに手をやって、そしてクビをコキンと肩にやりながらたけしさんは言ってました。バイク事故のケガがまだ癒えず、右目にはガーゼをつけてたのもおぼえてます。

　そしたら師匠、嬉しかったんでしょうね。ニコニコニコニコ〜ッとして、たけしさんの前に座りました。

「師匠、オイラ、何すりゃいいんですか」

　たけしさんは聞きました。そしたら師匠は簡潔に答えました。

「謝ってくれりゃいいんだよ、客に」

「何を謝るんすか」

「師匠が二日酔いで落語が出来ませんって、皆んなで謝ってくれ」

「それ師匠が悪いんですよね」

「弟子なんだからいいだろ」

「しょうがねぇオヤジだなぁー」

　今度はたけしさんも笑いました。師匠が自分に甘えてきたのが嬉しかったのかもしれません。そしてその謝る時が来ました。

　まるで披露口上のように師匠を上手にして勘三郎さん、たけしさん、高田先生と並び、そして勘三郎さんが深々と頭を下げて詫びの口上です。

「この度は私、中村勘九郎が談志師匠を呑ませ過ぎまして、師匠は今日は落語が出来ません。お客さまにはご迷惑をおかけして大変にすみませんでした」

本当は勘三郎さんが悪いわけでも何でもないんですよ。師匠が勘三郎さんと呑むって押しかけちゃったんですから。でも天下の中村屋が師匠の代わりに謝る。そしてそこにはたけしさんも高田先生もいる。

師匠はこの五夜をやるにあたり、どっかでそうしたことを狙ってたんじゃないかと今は思っています。演出家ですから。

そしてお約束のたけしさんと高田先生のボヤキ。でもそこが役どころですからね。

「何でオイラが謝んなきゃなんないんだよ」

「タケちゃん、シーッシーッ、師匠そこにいるから」

名コンビの絶妙な茶々に客席は大爆笑です。

それを師匠は横で誇らしげに見ながら、客席にこう言ってるような気がしました。

「どうでぇ！」

そうして四夜が終わり、翌日で『談志五夜』は終わったのです。

師匠はよく言ってました。

「自ら仕掛けなければ栄光はない」

そのためには何でもやってみろと。行動を起こしてみろよと。それこそ妬んで羨ましがっているだけじゃ手に入るものはない。とにかく動いてみろと。

もちろん師匠も仕掛けたけど不発というのも多々ありました。

一番印象に残っているのは、これも独演会のことです。

「こいつぁウケるぞ」

そう言って友人のプロレスラーのザ・デストロイヤーからもらったマスクをかぶり、パンツ一丁で高座を横切ったんですよ、両手をあげてウェーッて。

全然ウケませんでした。だってマスクしてるから顔が見えないので、お客さんは誰だか判らなかったんです。

「ダメだった……」

楽屋に帰ってきた師匠は寂しげ。天下の談志もスベる時はスベるんだなと勉強になった夜でした。

「夫婦というものは性格の合わないほうがいい」

師匠は司会こそ頼まれませんし、引き受けもしませんでしたが、結婚式によばれてスピーチはされてました。

「夫婦とはエゴイズムのバランスである」

そんなことを唐突に言われて面食らうご家族もありましたけど、でも最後はチャンと目出度く祝いでシメるから、そりゃグッときちゃいますよね。

「夫婦というものは性格の合わないほうがいい」

そうしたパッと聞いて何？　って会場の皆さまの気持ちをつかんで話すのは、やはり巧い、巧いです。

しかしエゴイズムのバランスであろうと、性格が合わないほうがいいとしても、結局はご縁ですよね。

僕もここで付き合っていた女性とのご縁を書きます。破局は誰のせいでもなく僕のせいだったし、理由は長すぎる前座が原因でした。

「いつまで前座なのよ！　馬鹿じゃないの？　考えが甘いのよ。自分次第でしょ？　死ぬ気でやればいいだけよ！」

　これは前座時代、こっそり4年近く付き合ってた女の子からの別れ話です。いや、別れの話じゃない、キツい三下り半ですね。

「あなたとなら、お金がなかったら二人で水を飲んでるだけでもいい」

　そう言ってた同じ口から、そんな言葉が出るんだと、あっけにとられたというか信じられなかったのは今も忘れられません。

　そして女の子は一度、本気で「嫌い」に舵を切ったら二度と、もう二度と気持ちは戻らないことも学べた瞬間でした。

　僕を物心両面で支えて応援してくれて、しかもまだ若い時間を長く奪ってしまったのですから仕方ないかもしれませんが、

「死ぬ気でやって本当に死んだらどうするんだよ？」

「死んでから言え！」

「死んだら言えねぇじゃん！」

「あげ足とるな！」

子供の喧嘩みたいな言い合いにまでなりました。しかし僕は可愛い優しい小柄な女の子に、そこまで言わせるようにしてしまってたんですよね。

彼女だってそれまで馬鹿なりにでも頑張ってるのを見て、わかってくれてたんだと思います。だけどよく破門はされるし、次々と弟弟子に抜かれるし、そして孫弟子にまで抜かれて、

「キウイなら大丈夫」

そう言ってくれてたんですけど、やはり堪忍袋の緒が切れたのでしょう。

「一度や二度なら私もそうは言わないが、こう何度も……」

結局は何でも結果でしか相手には判ってはもらえません。たとえ頑張っていてもそれはそれ。努力や必死さが足りないとしか見えません。まさか師匠に彼女に捨てられるんで二つ目にして下さいとは言えないし、かといって二つ目になれないし、落語家をやめられないし、別れたくないし……。

どうしてこうなっちゃうんだろう?

馬鹿はダメで辛いと心底思いました。本当に、本当に。どうしていいのか判らないし、どうにもならない日々。

「二つ目になったら会いましょう」

そう言われて、話はそこに落ち着きました。

「本気で応援してるから」

そうも言ってくれました。今にして思えば別れは彼女の精一杯の背中押しだったのかもしれませんけど、そこから二つ目になれるまでまだまだ時間がかかりました。でもどうにか二つ目に40歳でたどり着けました。

どうすることもできず、苦しいことだけが続く先の見えない長い長い暗いトンネルにも出口はあるし、やはり明けない夜はないと知ったし、希望はなまじ持つと失望もあるけど、絶望だけはしちゃいけないと判った。しかし時計の針だけは戻せません。

07年12月8日に銀座博品館劇場で『立川談志門下二つ目昇進落語会』を、キウイ、談大、錦魚（小談志）、平林の4人で師匠をゲストに招いてやったんですね。その時に高座からでも顔が見える席のチケットを彼女に郵送したのですが、その席には最後まで誰も座りませんでした。

やはり遅すぎたんでしょう。そんなこともありました。

そういえば師匠のオカミさんへのプロポーズの言葉を美弥で聞いたことがあります。

「俺と一緒にならないなら、今までのデート代を全部返せ」

師匠らしい照れと強がりの入り混じったプロポーズですよね。それは美弥のママさんから聞いた話で、二人で笑いました。

師匠はオカミさんのことをよくこう言ってましたよ。

「邪気のない天使だ」

事実、オカミさんは可愛らしくて優しくて、オカミさんを嫌う人は見たことありません。でもそんなオカミさんとも、師匠はケンカして家出したことがあります。

「サンドイッチを作ってくれたのはいいが、パンの耳を切ってなかった」

師匠は本当にこだわりのある人で、それが原因で夫婦喧嘩になり、そして家出。パンの耳くらいって僕も思いますけど、師匠は許せなかったんでしょう。

そうなると性格が合う合わない以前の問題というか、それでもそういう難しい師匠と最後まで添い遂げて見送ったオカミさんは、やはり「天使」なんだろうなって思います。

「親切だけが人を説得する」

確かに師匠は本当に親切でした。

言うことやることが乱暴に見えたりもしたけど、よくよく後で考えたら深い親切になってると気付かされたりもあります。

こんなこともありました。

1ヶ月か2ヶ月ほど弟子だった前座が廃業。そしたらしばらくして別の団体の○○師匠から、その廃業した者が弟子になりたいと来たから弟子にしていいかという連絡があったんですね。

この世界は自分で師匠は選べても、自分の都合で師匠を変えられないのが基本です。

師匠は烈火のごとく怒って駄目だと伝えました。もちろん○○師匠もルールは知っているし、でも落語界も情深い人は多く、この若者の前途を考えて例外として認めて欲しいという親切のつもりだったのでしょうけど、師匠は言いました。

「俺の方が親切だ。此奴《こやつ》のためにならない」

はたからすれば○○師匠の方が親切に見えるかもしれません。でもこの元弟子のことを本当に考えたら、駄目なものは駄目、違うものは違うとハッキリ教えてあげた方がためになるはずです。また落語界のためにもなります。それでこの件は終わりました。

もしかしたらこの元弟子は師匠を恨んでるかもしれません。しかし本当に馬鹿じゃなければ気付くでしょう。

それはルールというだけじゃない。入門は就職ではないですからね。仁義。

師匠の親切は、そうしたものが多くありました。

その昔に客席で子供が退屈して泣き出した時、今なら最初から入れてくれなかったり、周りのお客さんがにらみつけたりするかもしれませんけど、師匠は高座からゆっくり間をおいて、

「子供は泣くもんだ、気にするな」

そっとそう言って周りにも何よりお母さんに気遣い、対応をうながしたことがあります。こうした寛容さはすごく持ってました。

そしてお母さんと出て行く子供に向かって（男の子でしたけどね）、こう言いました。

「気を付けて帰るんだよ」

師匠は以前こんなことを言ってたんです。

「言う奴には見込みがあるから言ってる。なければ言わない。ただしダメだから言ってることもある。そこを見分けられるのも才能だ」

常にそうだとは限らないでしょうが、何かを言うにしても師匠は色々と気を付けていたと思います。実は神経を遣っていましたね。

腹が立って言ってしまった場合もあるでしょうけど、そうじゃないことも多く、親切であるかないかが小言との違いのように師匠を見ていて思いました。

もちろん余計なお世話になったり、逆効果や勘違いされたりもしたでしょう。

だからこそ見分けられることは親切にする方もされる方も必要で、言う相手を間違えて逆恨みされても困るし、する方もそれじゃ勿体ないことです。

だけど師匠は、嫌われても構わないという勇気がありました。

そう考えたら嫌われるのが怖くて何も言わない言えない人が多いですよね、自分も含めて。昨今は排除までするから始末に負えない。

師匠は「持ったが病」で、何かあったら言わずにはいられない人でした。それは摩擦を恐れて見て見ぬふりをする人よりきっといいし、何も言えない世の中は危険です。

そりゃ師匠も言い過ぎはありました。でも、それさえも愛されたのは、それだけ何か惚れさせる魅力があったのと、やはり相手をチャンと見て気に留めてましたもの。

「陛下ほど、お世辞の嫌いな人はいませんね」

それでその家来はお世辞の嫌いな陛下に気に入られて出世したという、そんな小噺があるんですが、そうしたお世辞も言えるような人でした。

とりあえず師匠の親切は変化球もあり、時にデッドボールもあったかな。

そういえば師匠は若い頃、芸人仲間と野球チームを作って、ピッチャーを担当。だけど真ん中にばかり投げて打たれまくり。それで仲間に弁明。

「素直なんだよ」

「うそつけ、もっと性格なみの球を投げろ」

御意にござります。

「商売人と芸術家のソリが合うわけねぇ」

『笑点』で圓楽師匠といえば、今や楽太郎だった六代目圓楽師匠がおなじみですが、その前の司会だった五代目圓楽師匠は師匠ともライバルで、

「こいつは将来、落語界を担う一人だから」

そう言って『笑点』で五代目をメンバーにした、と師匠から聞いています。

その圓楽師匠も師匠に負けず劣らず楽屋噺が豊富で、僕が小耳にはさんだだけでも例えば尾崎豊。圓楽師匠が尾崎豊さんの曲を気に入ったらしいんですよ。そして弟子に言ったそうです。

「いいねぇ〜、尾崎トヨは」

またある時はシュークリームをほおばって、

「このお稲荷さんは甘くてやわらかいでさぁね〜」

そう言ったんだそうです。それ聞いた時、声に出して笑ってしまいました。

そんな五代目圓楽師匠が00年1月、国立演芸場で毎月やってた『談志独り会』にフラ

リといらしたんですね。

その時は来た理由は判りませんでしたけど、師匠は仲入り休憩時だったから楽屋でシャツ1枚にステテコ姿で足袋の格好で、

「せっかく来たんだから一席やってけよ」

それで圓楽師匠は仲入り後にあがり、『蒟蒻問答』をやりました。

さすがの一席でしたし、ほんとサプライズだったからお客さまも吃驚&大喜びでした。

こうしたことがあるから、師匠の会は何を次はやってくれるのだろうという期待を高めるのでしょう。

またその時に、高座の袖で圓楽師匠から、

「前座さん、何人いるの？」

そう聞かれました。まだ1月だし、もしかしたら圓楽師匠からお年玉かもしれないと沸き立つ前座達。当時で十数人いましたからね、そのまま答えました。

「……そうかい」

それで終わってしまって、やはり談志門下は前座の数が本当に多いので、そのせいだったのかなと。これもまたいい思い出です。

そしてそれからしばらくして、日暮里寄席の楽屋でぜん馬師匠にお会いした時、圓楽師匠が師匠の独演会に来た理由がわかりました。

それは圓楽党（現在は五代目圓楽一門会）と落語立川流を合併して新協会を作ろうという話だったんだそうです。

ご案内ですが東京の落語界は四つの団体があります。まずは落語協会、落語芸術協会、圓楽党、そして立川流。

この圓楽党と立川流というのは落語協会から派生したもので、他の二つの協会に比べたら歴史は浅いのですが、もともとは落語協会の真打昇進の問題から袂を分かつことになった団体なんですね。

圓楽師匠は当時の状況を鑑みて、落語界に新たな活を入れようとお考えになったんじゃないでしょうか。それで新協会の話を師匠に持ちかけたんだと勝手ながら思っています。

しかし師匠の反応はこうでした。

「商売人と芸術家のソリが合うわけねぇ」

そう言って毎晩、圓楽党と親しい弟子のぜん馬師匠に電話をかけ、いかに自分は新協会に興味がないかをコンコンと説明したんだそうです。

あ、ちなみに師匠曰く、どっちが商売人で芸術家で……は、そういう感じであります。

ともかく圓楽師匠は瞬間湯沸かし器と言われるくらいすぐカッとなるので、どうやら師匠は面と向かっては言えなくて、要はぜん馬師匠から伝えてくれということだったんでしょう。

ぜん馬師匠も師匠のことはよぉく判っています。そして言ってました。

「俺に色々と説明したってしょうがねぇのになぁ。圓楽師匠に直接言えばいいのに。ウチの大将は気の弱い戦国武将みてぇだ」

それから師匠も直接に話したようで、ともかく新協会の話は無くなりました。

「努力とは馬鹿に与えた夢」

師匠がよくやった小噺にこういうものがあります。

父親が息子に言いました。

「なぜお前はゴロゴロ寝てばかりいるんだ、勉強しろ勉強」

「勉強してどうなるの」

「成績がよくなるじゃないか」

「成績がよくなるとどうなるの」

「いい会社に就職できる」

「いい会社に就職できるとどうなるの」

「出世できるじゃないか」

「出世できるとどうなるの」

「収入が増えるじゃないか」

「収入が増えるとどうなるの」

「寝てて食えるじゃないか」

「だから俺は寝てるんだよ」

元ネタは牧伸二さんだそうですが、師匠はこの小噺も好きで、よくやってました。

つまりこの息子さんは判ってるんですよね、誰から聞いたわけでもなく、師匠がどこでも毎度言っていたことを。

「努力とは馬鹿に与えた夢である」

それを肌で感じとっていたんでしょう。だからこの息子さんは馬鹿じゃない。扱いづらいけど。

でも人間は何かやればその為の弊害もおこるもので、ハッキリいえば馬鹿は馬鹿なんですよね。

例えば落語だって頑張って努力すれば誰でも立川談志になれるわけではなく、野球が好きだからって必死にやれば皆んながイチローさんになれるわけではありません。

ただ、努力はしなければ、どんな才能だって報われないということじゃないでしょうか。パチンコだって当たるまで回せば当たりますから。

しかし種がないところに水を一生懸命にあげても芽は出ません。自分のどこに種があるのか、それを見極めるのも重要です。

その為に時間をかけて夢や希望を追いかけ挫折したとしても自分を知った、それはそれで価値があると思います。

「キウイ、人間はな、自分の着たい服と似合う服って違うもんなんだよ」

これは僕が古舘伊知郎さんのお付きをしていた時に教えてくれたことの一つ。

人間が一番わからないものは、自分自身なのかもしれません。わかっているつもりは危険ですもんね。

ともかくゴロゴロ寝てばかりいる息子さんは親がイイからそれが出来るわけで、もしも本当に食うに困れば何か行動はするでしょう。多分そのまま寝て餓死を選ぶとは思えません。

自分で自分や状況をわかっているんだと思います。余計なことはしない方がいいし、その方が上手くいく。そう思ってるんじゃないでしょうか。

「出世なんて一皮むけば災難だ」

これも師匠がよく言ってましたけど、災難に遭うくらいなら最初から寝てた方がいい。上へ行くほど実は大変なだけ。

師匠はこうも言ってました。

「何もしないで一日中、コップならコップ、それをながめて満足に暮らせたら、こんな幸せなことはねぇ。でもそれじゃ済まないから、みんな駆けずり回ってんだよな」

人間は何か意味を持とうとしたり、それで何かしなきゃいけないって思い込んでるんですかね。やはり「欲」というものなんでしょうか。

しかしその為の努力は悪いことばかりじゃなく良いこともあります。またやる時はやんなきゃならない。何にでも両面がある。

ただ、頑張ったからって必ず何とかなるもんじゃないし、かといって何でも見極めてしまうというか達観というか、それこそわかっているつもりで何もしないのは勿体ない。

「俺の人生は恥と失敗の連続。そう言わなきゃ説明がつかない。人生が思う通りになってる人なんて、万に一人もいないんじゃないか」

師匠はお客さんに向かってそう語り、自分の足掻きをさらけ出していた高座もあります。つまり師匠でさえそうなんですよね。

世の中だって夢だって人生は思う通りにいかないことを師匠は「努力とは馬鹿に〜」という言葉に当てはめたわけで、ひたすら真剣という愚にもつかないことより、非常識に思われたとしても、もっと人間的に生きた方がいいよ、と伝えたかったのかなと。

実はそんな大したもんじゃないって。

一生懸命にやったけど馬鹿はやっぱり馬鹿だって飄々と生きていくことは、案外と人生を好転させてくれるかもしれません。

はい、僕も立派に無駄に馬鹿の一人です。だから少なくとも気は楽です。

日常のやるせなさ、納得のいかないこと、鬱々する気分、もうやってらんないって気持ち、それに対する気の持ちようを師匠は言葉で救おうとしてくれてたのかなと思います。理屈通りに行けば誰も苦労はしません。

「嫌なら止《よ》しなよ」

先のそれって、無理は間違いのもとだと、師匠は言ってたのかもしれませんね。考えるより生理で判断した方がいい場合もあります。

そういや当時、左談次師匠からよく楽屋で小言を食いました。

「お前は落語家なんだから、もっとダラッとしろ、ダラッと」

それでダラッとしてるとぜん馬師匠から小言です。

「少しはシャキッとしろシャキッと」

とかくこの世はままならぬ。

けど、こうした色々に振りまわされるのも人間ですし、この世がそう単純なものじゃないから、頑張って悪くなることもあるわけで、この場合はどっちよってところですが、これに限らず色々と上手くいかせたい。

しかしそれこそ効率重視、それで失敗を避けようとすれば、そのせいで思わぬ失敗へ向かうかも。

「知性なんて高が知れてる」

師匠はそう言って、まず寝ること、次に銭湯に行くことを優先して、「何もせぬが勝ち」と落語家本来の了見を大事にされてました。

「そんなに無理しなさんな」

師匠が色紙に書いたその一言、色々と当てはまるように思います。

「古舘をヨイショしてダンカンみたいになれ」

入門した当初から僕は師匠に言われてました。

「お前は変わってるな、変な奴だ」

当時、変わってる人から変わってるって言われてるんだから、これは相当変わってるのかもしれないと思う反面、逆にマイナスとマイナスでプラス、もしかしたらスゴく普通の人間なのかもしれないと思ったりしました。

「お前は前座としては使えない奴だが、陽気だ。どこかへ放りこむ。里子だな」

そんなことも言われました。そしてある時は、

「人間を変えるのは大病と刑務所だ。芸人は刑務所に一度は入らないと一人前にはなれないというから、どうだ、何かやって務めてくるか」

そんなことをシャレまじりに言われたこともありました。

そしてまず手始めの外の空気は、美弥の手伝いでした。要はバイトです。

その美弥も務まってるようだから、そんで師匠も色々と考えてくれたのでしょう。

「古舘をヨイショしてダンカンみたいになれ」

そう言われて何と古舘伊知郎さんの付き人となったのです。付き人と言っても単にくっ付いてるだけのお荷物ですけどね。94年の春のこと。この章扉の写真はその頃です。

ほんと、これも思ってもみないことでした。

また、ダンカンさんとはご存知たけし軍団の方で放送作家、タレント、映画俳優としてマルチに活躍されてますが、もともとは師匠の弟子で「談かん」で落語家だったんです。志の輔師匠と一緒に前座修行もしてたんですよ。

それが落語家は自分に向いていないと悟られたのか、ある日のこと師匠に、

「たけしさんを紹介して下さい」

と言って紹介してもらって、里子ではなく正式にたけしさんの弟子となりました。

でも師匠への感謝と思いは変わらず、盆暮の挨拶は欠かさず直接に来ていました。

これは日記によると91年の12月14日（土）のこと。

僕が昼すぎから師匠の練馬宅の庭掃除をしていたら、夕方頃にダンカンさんがお歳暮で来て、家で師匠と色々と話をして出てきたら、感極まったらしく涙ぐまれてて、僕と目が合うとダンカンさんから話しかけてくれました。

「ありがとう。俺に出来ることがあったら何でも言って。今度呑もう。そっちから声をかけて。本当に優しい最高の師匠だよ」

本当に泣いてた、目が真っ赤だった。そう書いてあります。

すみません、話を戻します。古舘伊知郎さんの話でしたよね。

「おぉっと～っ！」

僕らくらいの世代ならプロレスの名実況のアナウンサーが強烈な印象ですが、フリーになってからもF1の実況、テレビ番組の司会、タレント、その活動は多岐に渡り、古舘さんは自らを「電波芸者」と言われてました。

また『トーキングブルース』というトークライブもやられていて、当時、青山円形劇場にズッといたのも楽しかったな。

その古舘さんも、よく僕みたいな者を受け入れてくれたと思います。というか受け入れざるを得なかったんでしょう。

ある日、突然に師匠から古舘さんに電話がかかってきたそうです。

「古舘クン、アノネ」

古舘さんは師匠から君付けされた時点で、何かイヤな予感がしたと話してくれました。

それはズバリ的中。僕を預かってくれという話だったのです。

色々と会話をしていてキウイを勧められるものの、どうしようか躊躇していた時、実は最後、断りきれない一言が師匠から出たそうです。

「うん、預かってくれなくてもいいんだよ、古舘クン、でもそうなったら俺は君を一生恨むだけだから」

「ぜひ預からせて下さい！」

古舘さんは即答したそうです。

当時、古舘さんは笑って話してくれましたけど、僕ごときの為に師匠がそこまでしてくれたのかと思うと、ダンカンさんの言葉が確かに心に沁みてきます。

そして古舘さんも師匠だからこそ引き受けたのもありますが、

「断ったらキウイって人も辛かろう」

そんな気持ちもあったからだと、それはマネージャーさんから聞きました。

本当に有難いことです。泣けちゃいますね。

それから僕の生活は一変しました。そりゃそうですよ。TV局へ連日のように出入りをして、画面の向こう側にいた人達と直接に会うことが出来て、すれ違うだけならどんだけの有名人に会えたか判りません。

　だから僕はおのぼりさん状態。ほんとただのミーハー。これが落語で『居残り佐平次』の佐平次なら、もっと上手く色々と立ち回れてヨイショもお手のものなんでしょうけれども、自分で言うのもアレですが、僕は立派な昼行灯で何の役にも立たないボーッとした人間ですから、邪魔にならないようにするだけで必死です。

　せめてもの救いは古舘さんは売れっ子で忙しかったので、そういう僕のウスぼんやりまで気にとめてる余裕がなかったことだと思います。

　そしてウスぼんやりの僕でも判ってきたのは、師匠は例えで「ヨイショして」と言っただけで、やはりダンカンさんは才覚も実力もあったんですよね。

　当然ＴＶの世界もヨイショでどうにかなるものではなく、ましてや僕は落語家になろうと思って入門したら、気が付けばバーテンや付き人といった状況になっていて、何だかよく判らなくなっていたのもありました。

　昼は古舘さん、夜は美弥。

　しかしこれも修行ですし、そこで何とかどうにかしなければなりません。何であれ僕が馬鹿なのが問題でした。つまり馬鹿はどこ行っても馬鹿なんですよね。切ない事実。

しかし本当に忙しい中、合間合間で古舘さんは僕との時間を作ってくれて、コーヒーを呑む、ほんの30分でも作ってくれました。

「気にはかけているんだ」

そう言ってくれてました。

「紅白つきあえよな」

紅白歌合戦の司会が決まった時、そうも言ってくれたっけ。

時折、これは僕にではなく自分に言ってるのかもしれないという話もありました。

「一生懸命はダメなんだよキウイ、本気じゃなくちゃダメなんだ」

「狂気っていいよな、俺にはないんだよ。ダリ、画家のサルバドール・ダリ、ダリでこんなエピソードがあってさ……」

いや、スイッチが入った古舘さんは喋る喋る喋る喋る喋る喋る喋る喋る……。

やっぱり世に出る才能は本物じゃなくちゃダメなんだと、それを実感。30分なら30分、ただ黙って話を聞くだけのこともありました。

「俺は喋ることしかできない。それしかないいんだ」

そうも話してくれたり、また中でも印象に残ってるものの一つに、

「キウイ、俺は客とセックスがしたい」

と、いきなり話してくれたことがありました。え？

何の前置きもなかったので、それは女性ファンに手を出すってことなのかしらとビックリしたら、古舘さんも誤解を招く言い方をしたと気付いて、

「トークでだぞ、トーク、間合いでだ、間だ」

必死に間を強調する古舘さんに、思わずウケてしまったこともあります。

だから古舘さんも本当に善い人なんですよね。素直に自分を出して話してくれるんです。

そんな感じで僕も長く居すわる方ですし、段々に前座として修行中の落語家とはおよそ遠くなり、またTV局の出入りも日常で、もちろん何の結果も出せない毎日が普通になってきてしまっていたんですよね。

そんな頃、高田文夫先生からお話があったんです。

「談志師匠とこの間メシを食いに行ったらな、帰りがけに〝キウイ、大丈夫だよな？〟って心配してたぞ。お前、何やってんだ」

そう聞いてハッとしました。そしてそれを何かの時に古舘さんに話したら、

「実はな……」

そう言って、師匠から葉書がきたことを教えてくれたんです。

「キウイのバカ、いつもスミマセン。好きに使って結構です」

そう書いてある葉書でした。

僕はお気楽に過ごしてましたけど、師匠の方はズーッと気にかけて心配してくれてたんですよね。

親の心子知らず。本当にその通り。なんてダメな奴。情けなくなりました。

そこへ寄席の後、打ち上げが終わってから兄弟子の龍志師匠が僕だけを誘って呑みに連れてってくれて、そして叱ってくれたんです。

「お前は何で古舘さんのとこへ行ってるんだ。違うだろう？　落語家なんだから落語を一生懸命やるんだ。談志の弟子だろう？　お前の今日の高座は何だ？　まるで素人じゃねぇか！　一度だって落語をチャンとやったことがねぇんだろう？　落語が嫌いか？　やめちまえ！　やめちまえ！　別にお前のことは嫌いじゃない。だけど真面目に落語をやってる奴ならもっと言うことが違う。もっとシッカリやんないとダメだ！」

何も言えませんでした。もっともでした。

古舘さんのせいでも師匠のせいでもない。

自分が悪い。

結局、美弥のことも含め、師匠は外の世界を見せてやろう、それが何かのキッカケになるだろう、よかれと思ってのことがミイラ取りがミイラになっただけで、全部すべて中途半端に自分がしてしまってたんですよね。

虻蜂とらず。二兎を追う者は一兎をも得ず。こうした経緯も長すぎる前座につながっていったのだと思います。

だって龍志師匠の仰る通り、僕がどっちつかずの間、真面目に落語をやってる他の前座はやはり違っていますよ。

それから二つ目を目指しトライアルの形で『二つ目昇進キャンペーン』という落語会をお江戸日本橋亭で左談次師匠、快楽亭ブラック師匠の後見で、春風亭昇太師匠、高田先生、古舘さん、志の輔師匠、なぎら健壱さん、柳家喬太郎兄さんの力を借りて半年、計6回やりましたが、前座にしてはの派手さだけで実力が足りず、師匠はＯＫしてくれませんでした。

当時は何でどうしてと辛かったですが、今ではとても正しかったと思っています。

そして4年間お世話になった古舘さんのもとを、落語に専念しますという理由で卒業をしました。98年のことです。

その旨を師匠に報告しに行ったら、師匠は少し神妙な、そしてどこか怒りもあったと思いますけど、ゆっくり話してくれました。

「間違っていてもいいんだ。何か基準を持つなり行動することが大事なんだ。しかし間違いに気付いたら修正する勇気を持て。これから美弥の手伝いに行くのか？　シッカリやってこい」

この時、数年前、同じ練馬宅でダンカンさんが泣きながら家から出てきた気持ちがとってもよくわかりました。ダンカンさんの言ってたことは本当だと思います。

ちなみに植木を隣の家から引っこ抜こうとしたのは、ダンカンさんでした。

そして古舘さんですが、今もテレビで活躍中。そして時折、例えば高田先生のラジオ、志らく兄さんとのテレビ番組等、何かの折に僕のことをチラッと話してくれます。

「あの時は忙しくて、何もしてやれなかったから」

そう思って下さっていて、それで何か機会があれば僕の名前を出してくれているんだと聞いています。

とんでもありません。あの当時、こんな厄介者をそばに置いといてくれただけでも、それだけでも充分です。本当にありがとうございます。

こうしたこともあって、それで改めて判りました。

もし仮に何か遠回りになったとしても、それも決して無駄ではありません。無駄ではないと気付けるかどうか。どう糧にするか。やはり自分次第。

「人生は死ぬまでのヒマつぶし」

これも師匠のお言葉で、すごい好き。

つまり無駄だって無駄じゃない。

「俺はね、一流じゃないの、二流、超二流なの」

番組収録で師匠にくっ付いてフジテレビに行った時、スタジオ前の廊下で志村けんさんが煙草を吸ってまして、お互いに気付き、志村さんは煙草を口元で手にしながら微笑んで会釈、師匠もニコッと笑ってスッと近付きました。そして話しかけました。
「前ね、長べェ（いかりや長介さん）とテレビで対談したことがあってね、言ったんですよ。ドリフは一流になっちゃったから落ちたら三流になるぞと。逆にね、三流が一流になることもあるんですよ、三平さんみたいなのとかね。俺はね、一流じゃないの、二流、超二流なの。俺はあなたにもその感じがするんだよな」

よく師匠って前後も脈略も何もなく、自分で今思ってることを突然話したりするんですね。だからいきなりカレーの話をしたり、それこそ地球のことを話したり。

ともかく、志村さんは黙ってニコニコ嬉しそうに師匠の話を聞いてました。優しそうで大人しい穏やかな雰囲気でした。それが僕が唯一、志村けんさんとお会い出来た機会です。

師匠にくっ付いてるとよく有名人と会えるんですよ。師匠も会いに行くし相手からもくるし。しかもジャンル問わず。

そういえば、いかりや長介さんにもお会い出来たことがありました。

あれは銀座のビヤホールで師匠のトークライブがありまして、01年の6月10日と日記には書いてあります。この日も師匠は開演五分前になっても来ない。お約束です。

それで落語じゃないから弟子がつなぐわけにもいかないし、どうしようどうしようとなったら、

「私でよろしかったら、つなぎましょうか」

そう言って買って出てきて下さったのが、なんと、いかりや長介さん。

たまたまこのライブにお客さんとして来てたんですって。もう渡りに船ですよ。

「オイッス！」

開口一番のこれ、シビレましたね〜。そして次の一言が秀逸でした。

「私が前座をつとめるのはビートルズ以来でして……」

いや、これはスゴイですよ。そして20分くらい経ったでしょうか。師匠が到着。無事にトークショーが始まりました。

師匠はカントリー&ウエスタンの大御所、ジミー時田さんとも仲良くされてて、いかりや長介さんはそのジミーさんのバンドメンバーだったご縁もあり、それで知り合ったという風に聞いています。

それでこの夜の師匠、いかりや長介さんが来るって知ってたから、遅れてきてもつないでくれるだろうというのもあったんじゃないかなと。

「長べェに感謝です」

ステージからそうも言ってました。

長べェ。この呼び方からも古くから親しくしてるのが判りますし、2004年にいかりやさんが亡くなった時も、師匠はテレビの取材で言ってました。

「送る言葉はないよ。あいつは俺の中で生きてるから」

第三章　「小さいことにクヨクヨすること」

（落語は大義名分ではなく小義名分）

「ああ、談大無念也。お前は俺の弟子なのだ、バカヤロウ」

談大という弟弟子がいました。

師匠が亡くなる前の年に36歳でクモ膜下出血。2010年11月4日死去。善い奴でした。二つ目までに3度の破門を乗り越えたのは談大と僕だけだから、僕にしたら思いは本当に色々あります。

今でもおぼえてます。倒れたのが10月27日の夜、それから1週間、だから8日か、意識が戻ることなく逝きました。

その27日は師匠が仕事で北海道に。移動が飛行機なので羽田空港までワゴンで送り、その日の運転手が談大。

師匠のワゴンは都内に4軒あるうちの1軒、練馬の家にあり、それで皆んなで集合。その時は二つ目になっていたから身の回りの世話はしなくてもいいんだけど、前座は談吉しかいなかったので、手伝える奴は手伝ってくれで僕、談大、当時は錦魚だった小談志、平林で動いてました。

前座ではないから無理なくでよかった為、そういう意味では一番ゆるやかに気楽に師匠に付いていた時期だと思います。もちろん師匠も破門とか罰金とか言わないし。

それでワゴンで練馬から羽田へ。途中、師匠がいる根津の家に寄って師匠を乗せて羽田空港。そういうルートでした。

「頭、痛いんですよ」

そう言って水色の冷えピタ、頭を冷やすやつ、それを貼ってた談大をよくおぼえてます。そして今でも思う。

「運転手は錦魚がいるから病院へ行きなよ」

無理にでもそう言って病院へ行かせていれば命だけは助かったかもしれないって。でもその時は深刻にはとらえず、頭が痛いだけなんだな、風邪かな、それくらいにしか思わなかった。まさかクモ膜下出血になるとは思わなかった。

それでワゴンで出発。僕はその日の夜は赤坂で電撃ネットワークのギュウゾウさんとお付き合いがあって、そのパーティーに出席するから途中で降ろしてもらって、ワゴンは談大と小談志で練馬宅に返してくれるとのこと。翌日にまたワゴンで羽田にお迎えに行く段取りも打ち合わせずみ。

少し時間があったから築地の方にある演芸雑誌の『東京かわら版』に顔を出して赤坂へ。談大と小談志は車を届けてから二人で練馬で豚カツを食べて帰ったようです。

パーティーが始まりました。セクシーなお姉ちゃん達が次々と現れて、まぁ大変！　パヒュームの曲がフロアにバリバリ流れてるのが強烈だったのをおぼえています。

そこへ小談志からの電話でした。

「兄さん大変です！」

談大が倒れたとのこと。豚カツを食べて家に帰って、そうしたら談大から電話が掛かってきて、

「明日、師匠のお迎えには行けそうにもない」

そう言って電話口で倒れたんだとか。

「桜井（談大の本名）さん！　桜井さん！」

電話口の向こうで救急隊員の叫ぶ声がしたと小談志は話してくれました。談大は自分で救急車を呼んで、それから小談志に電話をしたのでしょう。

しかしクモ膜下でよく電話が出来たと思うし、その電話を受けた小談志の心情を思うと、本当に何とも言えません。ただ、その時は小談志もまだ病状までは知らなかったみ

たいです。

搬送先は板橋区にある豊島病院。もう家族の方も来ていて、しかし面会謝絶。ちょうど小談志が一服吸いに行ったかトイレか何かで場を外してた時、僕がお父さんから病状を聞いて、

「えぇ〜っ！」

と大声を出したそうなんですよ。

出したそうなんですよとは、そんな大声とは自分では思ってなかったから。でもその僕の大声を聞いて、

「あ、これはヤバイんだ」

と小談志は思ったそうです。しばらくしたら左談次師匠がオカミさんの運転で病院に来てくれました。小談志が連絡をしたのでしょう。

「おう、どうなってんだ？」

とりあえず事情を説明しました。

「わかった、とにかく無事を祈るしか出来ねぇな」

「左談次師匠、わざわざ来て頂かなくても報告しましたのに」

「バカやろう、こういう時はな、何も出来なかったとしても来るもんなんだよ。それが仲間ってもんだろう」

これは落語の『富久』の了見だと思いました、何かあったら駆け付けねば。

「じゃあな」

それで早々にお帰りになりましたけど、こうした時にその人が判るって本当だなって思いました。

それから小談志と二人で近所の居酒屋で夜明かし。この時は本当に小談志がいてくれて良かったと、それはシミジミ感じました。

小談志は僕より9歳も年下ですけどシッカリしていて、

「兄さん、早く売れなさいよ」

とよく叱ってくれてたんですけど、今は何にも言わなくなりました。めんぼくない。

翌28日、小談志と二人でワゴンに乗って羽田へ師匠のお迎えに。もちろん師匠も談大の件は知っています。

しかし師匠は車中で何も、本当に何も聞かず言わずで黙ってました。お付きの談吉も神妙だったっけ。
そして11月2日、この日は我々二つ目が師匠をゲストでお招きしての自主興行、荒川区にあるムーブ町屋という会場で、『談志直門二ツ目全員集合！』という会をやることになっており、それでやりました。
もちろん談大はいません。お客さんでも知ってる方は知ってましたから、何となく微妙な空気は流れてましたけど大入満員、大盛況です。番組は六席。
春樹『十徳』
平林『蝦蟇の油』
錦魚（小談志）『猫の皿』
談修『人情八百屋』
仲入り
キウイ『たぬき』
談志『金玉医者』
この時に師匠が談修の真打を認めるとマクラで話して嬉しいサプライズもあったものの、やはり談大のことは気にはなります。

すでに師匠は喉の調子が悪く、実は高座も危ぶまれたのですが、後から聞いたところによるとジョークや小噺、ご挨拶ではなく落語を喋るつもりでいて、用意されていたネタが『金玉医者』と『疝気の虫』。

その二席は両方とも病気を治す噺で、普段は何も言わずとも、そこに師匠の思いがあったんでしょう。それを師匠は高座で噺として語ったのだと思います。

そして翌3日に御礼に伺いました。

「談大に渡せ」

昨夜の御礼（ギャラ）を包んで持って行ったのですが、師匠はガンとして受け取りません。

それで翌4日に談大死去。

だからこれは談大も一緒に会に出て、チャンと師匠への挨拶もすませて、それで逝ったんだと僕は思っています。

7日が通夜、8日が本葬。

この本葬の時に師匠も来ました。事務所を通して追悼のコメントを事前に出されていました。

「ああ、談大無念也。お前は俺の弟子なのだ、バカヤロウ」

それだけでは済ませたくなかったのでしょう。体調を優先して最後までいられず中座しましたけど、当日、談大の遺影の前で語りかけた弔辞があります。

「おい、談大、俺を羽田まで送った後に倒れたんだってな。まだやりたいこともあっただろう。お前には限りない可能性があった。それはお前が談志の弟子だからだ。おい、談大、死んじゃったことはしょうがねぇよ。成仏しなくもいい。その辺にいろ。何かあったら電話してこい。相談にのってやる。キウイと一緒に練馬の俺の家に行ってビデオの整理をしとけ。…………色々ありがとう」

談大はどう聞いていたかな。

そして師匠からお預かりしたムーブ町屋のギャラに我々の気持ちを足して談大のお父さんに渡した時、感極まって涙されていたのは忘れられません。そしてこれは強く印象に残った一言でした。

「家族よりも師匠だったんですね」

それは意識を失う時、電話は我々の方にではなく、お迎えの件で小談志の方に掛けたことを言ってるんだと思います。

確かにご家族のことを思うと、その時、どんな気持ちでお父さんが言われたのかは察して余りあります。談大は責任感から電話をしたのだと思いますけど、ご家族にすれば本当に、本当に……。

「兄さん呑もう」

倒れた27日の2日前、だから25日ですか。酔っ払ってベロベロの談大が夜遅くに高円寺から電話をくれました。連れて行きたい店があるって。断っちゃったんですよね。今なら本当に飛んで行きますよ。

というのもその数日前、練馬でカレー屋と立ち呑みでハシゴして二人で呑んでたからいいやって、また呑めるだろうって、パーティーの最中に小談志から電話が掛かってきた時、

「羽田の後、呑んでますから兄さん来て下さい」

そんな電話だと思ってたくらいでした。また呑んでんのかよって。

でもその「また」はもうありません。だから思いました。人とは出来るだけ会える時に会っておくべき。今しかない。

そして談大のお父さんお母さんを見て痛感したのは、親より先じゃないってだけでも

親孝行だって。それは本当に思いました。

あとあの時、小談志がいてくれなかったら、たぶん僕は酒漬けで通夜にも葬式にも行けなかったでしょう、四日酔いとかしてフラフラで。本当は最後の電話を受けた小談志が一番辛いはずなのに。

そうだ、思い出した、あの時も酔って携帯電話を落としたんだ。すぐ出てきたからよかったけど、練馬の大根畑にあったというから僕は何をしてたんだ？ 全く記憶になくて紛失届を書く時に困ったっけ。

「包み込むように酒を呑んでいたな、人との距離感が絶妙だったな、餃子を旨そうに喰っていたな、ほんわかする高座が……此処の所急激に良くなって来たのにな、お前は本当にいい奴だったな」

左談次師匠の談大に向けた言葉です。

談大は確かにいい奴だったし、責任感の強い奴でした。だって師匠を乗せた羽田のワゴン、そんな容体だったらもしかしたら……があったかもしれません。それを無事に送り届けたんですよ。

結果的には命がけで師匠に尽くしたんですから、本当に弟子の鑑《かがみ》だと思います。僕には出来ません。

　翌年に師匠が逝くんですが、師匠が意識不明になったのが10月27日なんです。それは談大が倒れた日と同じ。

　これも縁ですよ。師弟の縁があった証拠。間違いなく談大は談志の弟子なんですよね。しかし別に血のつながりがあるわけでもないし、ここまでのつながり、絆。師弟って何なんでしょうか。

　談大も師匠が大好きな弟子の一人でした。

「すみません、僕の方が師匠を好きです」

「違う、俺の方が師匠を好きだ」

　これは談大と龍志師匠が呑んで酔ってしたケンカ。

　それを横で見ていた龍志師匠のおカミさんは、どう止めていいのか判らなかったそうです。麗しくて。

「ワゴンがなければ、なんで大八俥で来なかった！」

あれは3度目の破門の前におきたこと。

というか3度目の破門になる発端だと後から知ったんですけど、02年になって間もなくのことだったと思います。

前座の弟子は師匠が仕事なり何なりの時、お付きとして身の回りのお世話をするのも修行で、例えばトイレに行けば出てくる時にはおしぼりを差し出すといったようなことまで、つまり気を遣う相手を快適にすることを身体でおぼえる経験を積むんですね。

「反りが合わないのは師弟の不幸だ」

師匠はよくそう言ってましたけど、相性ばかりは努力では何ともし難く、やはり何でも向き不向きはあるものです。

これが人間性とまでなれば確かに不幸なことでしかありません。まぁそれは別格の問題だとして、でもある程度のことは頑張れば何とかできると思います。情熱があれば。

「修行とは理不尽に耐えることである」

しかしその理不尽も万やむを得ずならまだしも、その師匠によっては本当にそれ無理です！　ってのも少なくなく、その点でウチの師匠はそうした弟子への試練の幅が広く深く大きく、さわやかに健やかに無茶で無理な面はありました。

例えば兄弟子の談四楼師匠が前座の頃、夜中に呼び出されて、

「コロッケが食いたいから買ってこい」

と言われ、今ならまだしも当時は昭和40年代、コンビニはまだ影も形もありません。買ってこなきゃクビ（破門）だってんで怯えた兄弟子は肉屋を叩き起こして、そんで無理をいってコロッケを揚げてもらってクビをまぬがれたんだそうです。アツアツのを届けたら師匠は兄弟子に言ったそうですよ。

「お前はどこか見どころがあると思っていた」

談四楼師匠、お見事セーフ。

そんで02年になって間もなくの話。

師匠は仕事で地方に行かれました。行きは良かったんですけどその帰り。行った翌日、移動が飛行機だったので羽田空港へのお迎えは如何いたしますかと確認をしたら、「来なくていい」とのお達し。

これはそれで「やったー！」って羽を伸ばして、遊びに出たっていうことじゃありません。

それぞれに仕事がありまして、それも師匠の都合次第でしたから、行けるか行けないかギリギリまで先方には待ってもらってた仕事だった為、ようやく「行けます」とハッキリ返事が出来て、そんで仕事に行ったんです。もちろん師匠が明日は来てくれと言うなら仕事は断ってましたよ。

そうしたら翌日、直前になって急きょ「ワゴンで迎えに来い」との連絡がきました。

何か荷物が出来たんでしょう。でも各自もう仕事に行ってます。遠くて羽田にすら間に合わない者もいました。師匠のお宅に行ってワゴンで向かうのは物理的に不可能です。

というより時間が本当になかったんです。レンタカー借りに行く余裕もありませんでした。だって、まずその場の仕事をどう切り上げるかの問題があります。

とにかく行ける者は行くだけ行って、羽田からの帰りはタクシーでも何でもいい、タクシー代は我々が出そう。何か荷物があればそれを持って弟子は電車で師匠の家に向かえばいい、とにかく羽田だ！　何がなんでも羽田だ！

それで行けるだけの弟子、６人のうち３人だけでしたけど、師匠の羽田到着には間に合いましたがワゴンはありません。そして小言です。

「ワゴンがなければ、なんで大八俥で来なかった！」

大八俥⁉　大八俥は持ってくるより探してくる方が大変。でも怒って怒ってワゴンで来なかったことより段々に大八俥を用意しなかったことに怒ってきて最後は大目玉。

「罰金だ！　一人につき30万持ってこい！」

深夜のコロッケの方がまだ何とかなったかもしれません。いや、その時々の師匠の理不尽に上下はないでしょう。そうした無茶ぶりに耐えて何とかするのが弟子だし、それも修行です。

それから師匠も怒りを鎮めて下さり、我々前座はフォローが出来ずマヌケなままでしたけど罰金も払わずに済み、破門にもなりませんでした、その時は。

でも実は師匠はそこから思うことが出来たらしく、ついには02年5月の前座全員3回目の破門ということに展開していくのです。

「二つ目になろうとする意欲が感じられない！」

それは特に歌と踊りがなっていないという理由でしたが、しかしその破門は大八俥が始まりだったと後で知って、あの時に何としても大八俥で行けばよかったとは思うものの、やっぱりそれは無理だったたし、何にせよ弟子として至らなかったのが悪いので仕方ありません。

「ワゴンを持ってこいと言われたら、どんなことがあってもワゴンで来い」

そういうことです。でもどうしても持って来れないのであれば、せめて代わりに俺をウケさせろという意味で大八俥なんだと思います。そうした基準、価値観。

「やりやがったな」

師匠は時に思わぬ予想外のことをされて、それがハマるとそう言ってウケて、逆に失敗も何も帳消しになる場合もあるにはありましたが、ただそれは判りますけど大八俥は……とにかくそれでも何でも3回の破門を乗り越えてきました。

だけど何でそこまでやれたんだろう?

いまだに自問する時もあります。

何でそこまで、何でそこまでやってこれたのか。

それは師匠しかいないからでしょう。

師匠とは自分で選んだ親です。

芸人とは本来、自分勝手で非常識でだらしない人間ですが、守るべき一線はある。

例えばもしも師匠が間違ってるとしても、その間違えてる師匠を正しいとできる者が弟子であり（犯罪は別ですよ）、それが嫌でできないならば、廃業する権利と自由が弟子にあるだけです。

別に芸人は道徳を追求する存在でもないし、だってハローワークだと落語家は「無職」の扱いですもん。自分が面白くなければ世間に加われない者なんだと思います。

芸人落語家とは生き方です。

師匠がその親であるなら、貫くしかありません。

そりゃ馬鹿かもしれませんが、その世界が好きで、そこで生きてる者もいます。

もちろん落語家の全員がそういうわけではありませんけど、とりあえず談志門下での修行はそういう感じだったというお話でした。

好きで入った道でも色々あります。

「俺がその時々で言うことが変わるくらい、弟子なら判りそうなもんじゃねぇか」

師匠、立川談志とはどんな人だったか。

これは僕個人が思うことです。

師匠は常に考えが動き、それで日々色々と更新する。だから言うことがよく変わる人でした。一人で多様性にあふれていたっていう感じですか。

それを気まぐれと言われてましたけど、それもあるにはあったにせよ、でもそれは師匠が深く考える人だったからと思います。

何にでも興味を持つ師匠でした。現在の状況、世の中の動き、色々なことにアンテナを張ってたし、特に落語や落語界の在り方、自分の方向性には求道者みたいな面もありました。自らを追い込む。

だから談春兄さんの『赤めだか』も気になったのでしょう。

突き詰める人でもあったから、それで自分の中で色々と進んでしまったのでしょう。

また、あの時はああだったけど、それでこういうことになったから、ならばこれからはこうしようという、それが顕著だったので気分次第という風に見えたんじゃないでしょうか。だって自分にも疑問を持つ人ですもの。

なので言うことが変わるのも、その時だけの気分ではなかったと思います。師匠の中には理由があるんですよ、色々と。

例えば大八俥の件も、それが取っ掛かりとなり突き詰め、そして3度目の破門にまで展開してしまいます。思いもよらないことです。

大八俥から歌舞音曲へ。普通ならなかなかつながりません。しかし師匠の中ではつながっています。

要は問題を解決するにも、センスが必要であると伝えたいのでしょう。

ワゴンが用意できなければ、その代わりをどうすればいいのか。タクシーじゃ失格だ。でもやはり大八俥の発想は並じゃ出てきません。

だから俺がこうして教えているのだ。大八俥の発想でやってみろ。何でもいいから俺をウケさせてみろ。そういうことなのかもしれません。

結果、大八俥は軍歌に化けましたけど、ちなみにあの時に大八俥を用意していたら、

「ヤンヤとウケて祝儀をきってやる」

と言ってました。もしかしたらそれで二つ目になれてたかもしれません。

そういやこんなことも言ってました。

「宮沢りえと付き合ったら、即二つ目にしてやる」

どこまで真に受けていいのか判らない昇進基準でした。

しかし師匠にすれば俺が認めている宮沢りえと付き合えるということは、それだけの何かがあるわけだから、そういう奴なら歌舞音曲に目をつむって二つ目にしてやってもいいという、そんな意味だったのかもしれません。

だけどやらないということは意欲がない。でもそれ以前に前座にすれば大八俥の件は、あの時に謝って済んだことと思ってます。

良く言えばこだわり続けて進化してるんですが、悪く言えば変化が激しくて周りは付いていけない。ただし弟子だから修行としてそれを是としなければならない。

昇進の基準も、いや、ほんと大変でしたよ、色々な意味で。

とにかく談志が認める弟子、談志ブランド、それは落語界にとってプラスになると判断されていたのかなと。

だってもしも宮沢りえさんと交際できたら、そりゃ話題としても大変ですしね。絶対に無理ですけど。

大袈裟に言えば、落語立川流が落語界を牽引してみせるぞと。師匠の理想は高くあったように思います。

それに僕みたいな馬鹿は対応できなかった。要領も悪いし、しがみつくしかできませんでした。というか動けなかった。本当に立ってるだけで精一杯だったんです。

この頃、どんだけ周りから「やめろ」と言われたかしら。

「これほど落語を愛した人はいない」

これはビートたけしさんのお言葉。師匠没後、追悼番組でそう言っていたのが強く印象にあります。

すべては師匠の落語愛だったと思います。

ただ師匠にとって、世の中の状況も思うようになってはいなかったでしょう。だから逆に、その落語愛は師匠を孤独にしてしまっていたんじゃないでしょうか。

当時よく師匠からこんなことを言われましたっけ。

「キウイ、お前は他だったら真打になれるくらいの力量はある。だが俺ンとこだから前座なだけだ。安心しろ」

駄目な僕を慰めてくれてたのかもしれません。しかし師匠のとこで前座ってことは他でも前座なんですよ～というのはありました。

談志門下の前座が仮に他と違っていたとしても、やはり前座は前座としか世間は見ないし扱いません。関係ないし知りません。

どれほど色々あったとしても、

「大変だね」

で終わりです。悪気なく世の中はそういうもんですよね。

だからどれほど師匠が思っていても、落語への意識を世間は高く持たないし変わらない。それを何とかしようとして、師匠は厳しい戦いをされてたんじゃないでしょうか。

実は師匠こそ人一倍、一日中コップをながめて暮らせない人だったんですよね。

その反動のせいか、夏は沖縄で毎年ボーッと一日中、浮袋で海の上。その昔に一度、ダッチワイフにしがみついて浮かんでいたら、

「談志師匠が変死体と一緒にいる⁉」

何やら大騒ぎになったんだとか。

落語の戦士は休息もシャレになるようです。

「誰に何を言われてもやり続けろ」

ある晩、師匠が若手のタレントさんの相談にのるということで、美弥で待ち合わせということになりました。

タレントさんは早めに来てカウンターに座って師匠待ちしていて、落語会だと遅れてくるのが普通の師匠ですが、人との待ち合わせはほぼ時間通りに来ます。

「カチャッ」

美弥の戸が開いて、師匠がスーッと店の中に入り、僕は、

「おはようございます」

と挨拶しますが、師匠はこちらをチラと見るだけで、そしてタレントさんは僕の挨拶で気付いたのでしょう。

「恐れいります」

そう言ってイスから立ち上がり直立不動。それにも師匠は何も言わず、そのままタレントさんに近付き、

「こっちで話そう」

そう言って指定席であるボックス席に座りました。

「おいキウイ、ビールよこせ」

「はい」

美弥はそんなに広くないので、大声でなくても大丈夫なお店。ビールを運ぶと師匠は瓶ビールを高いとこからビールジョッキに一気に注いで、だからかなり泡立つのですが、それをキューーッと呑むのが好きでした。

そしてタレントさんの相談が始まりました。聞くとはなしに聞こえてしまい、その相談というのは自身のタレント活動についてでした。

ザックリ書くと、思うように仕事がとれず要は売れない。マネージャーとの関係がよくない。それで事務所とも上手くいかない。簡単にいえば誰にでもある仕事上の人間関係の悩みで、ハッキリいえば愚痴に近いものです。

しかし師匠は静かに話を聞いていて、そしてまず言いました。

「仕事がない、必要とされてないということは、それだけ価値が無いからだよな」

タレントさんがビクッとしたのをおぼえてます。

「才能がないから売れないんだ。才能がある奴は売れる。ただし時代に合う合わないはあるがな。だとしたらまずは必要とされるにはどうしたらいいか、それを考えようじゃねぇか」

そう言ってタレントさんに思いつくままに色々なアドバイスをして、最後はタレントさんに、

「落語家になるか？　こいつだってやってんだぞ」

励ますつもりで僕を見ながらタレントさんにそう言って、

「何かあったらまた連絡しなさい。続けるのは大変だが、やめるのは簡単だからな」

と出口まで送り、タレントさんは帰りました。

そしていなくなった後、僕にポツリと言ったんです。

「売れない奴ほど事務所の悪口を言う。そして売れるのは狂える奴だ」

そして次の一言も印象的でした。

「仕事とは人間関係でイヤな思いをすることが主だ。むしろそうでなければそれは仕事とは言えない」

そうだよな、と妙に納得したのもおぼえています。

そんな感じで師匠はよく相談を受けてましたし、またこれはと見込んだ芸人を美弥に連れてきたりしました。それだとやはり一番はビートたけしさんでしょうか。

「セント・ルイスなんざ敵じゃない。ケタが違う。こいつは売れる」

そして実際その通りになりました。世界の北野武にまでなりましたからね。

「俺は人の才能を見る目がある」

確かにそうだったと思います。さすがに僕もたけしさんには間に合いませんでしたが、爆笑問題さんには間に合ってます。爆笑問題さんも美弥に連れてきたんですよね。

「漫才、やってみな」

「ここでですかっ？」

爆笑問題さんの二人が驚き、そして緊張しまくった漫才を僕は幸運にも見ることが出来て、面白い面白くない以前にやりづらかっただろうなぁ〜っていうのがヒシヒシと伝わってきた漫才でした。だって本当にすぐ手の届く目の前に談志ですもん。

そん時ですよ。師匠がお二人に言ったのは。

「お前ら天下とっちゃえ。だけどこの小さいの（田中さん）は絶対に切るな」

そして、それからの爆笑問題さんの快進撃は周知の事実。

たけしさんも爆笑問題さんも漫才で人気があって知られてはいたけど、まだテレビでブレイクする前のことです。

そしてもう一人。師匠の死後ですがブレイクした方がいます、世界的に。

それはピコ太郎さん。ＰＰＡＰ。古坂大魔王さん。

ピコ太郎さんは『爆笑オンエアバトル』で師匠に認められたんですよね。

師匠が美弥に連れてきた時、背が高いなぁ～って見上げたのをおぼえてます。

それでピコ太郎さん。その『爆笑オンエアバトル』で音楽ネタをやったら、みんなはダメって言ったんだけど師匠だけが評価したんだそうです。

その時のコメントです。

「ぱーっとやって、ぱーっと終わる感じがいい。イリュージョンだった。ワケがわかんないけれど、自由にやるのがいいんだよ。誰もやっていないのがお前の才能。誰に何を言われてもやり続けろ」

その後、師匠は独演会にピコ太郎さんを呼んだりしてましたけど、それでもブレイクはならず、しばらくして師匠から、

「遊んでいるか」

と一言だけ書いた葉書が届いたそうです。

師匠はそうやってズッと気にかけてくれる人でした、本当に。

ですが残念ながら師匠はピコ太郎さんを見ずに逝ってしまいましたけど、師匠の見る目が正しかったのは証明されたわけですからね。

そして師匠を追善する落語会にゲストでピコ太郎さんは出てくれています。きっと恩返しのつもりなのだと思います。

「人の評価はいいから、自分がいいって言ったらいいんだよって思い込め。な、やめんな。俺はお前のよさは判んねえよ。でもそれがいいんじゃねえか」

その師匠の言葉を励みにやり続け、ピコ太郎さんは不遇時代を乗り越えたんだとのこと。そして世界へ。

実にイイ話です。ただ、これを僕は中居正広さんの『金スマ』というTV番組で見て知ったんですけど、その時、複雑な気持ちになりましたよ。

だって僕、誰に何言われてもやり続けろとピコ太郎さんに言った人から3回もやめろ（破門）と言われてるんですもん。

やはりこの「誰に」は「師匠」も入ってたんですかね。

「判断にオリジナリティを持て」

こうした基準もまた師匠が師匠たる所以。それで同調圧力が苦手な人、はみ出し者、そういう人達からも好かれました。

だからこそ破門の時、「自分からはやめない」と僕は決めたのでしょう。

そういえば師匠に相談したあるタレントさん、もともと知らない方でしたが、その後まったく何も聞かないし、どうしているのかも知りません。

やり続けられなかったのかな。

人生への期待に裏切られたとしても、そこから始まる場合もあると思うんです。それでもやれるか否か。

「やる奴は止めてもやる。やらない奴はいくら言ってもやらない」

沢山の弟子を育てた師匠が、折々よく言っていたことです。

「いいよ。大丈夫だ。弟子がいるから」

「たった一言でもいい。日記を毎日書け」

談志の弟子ならば、それは絶対に言われてると思います。そして書いてる弟子は沢山いると思います。

この本を書くにあたり当時の日記を開いてみたら、そうそう……って普段は忘れてても思い出されることが多々あります。

これは91年9月のこと。

その日は取材で師匠に付いて上野にある鰻屋の伊豆榮に行ったら、入口のところでバッタリと柳家小さん大師匠にお会いしました。

小さん大師匠はちょうどお一人で出るところでした。

少し離れたところからお互いに気付き、師匠はピクッというリアクション。大師匠はチラと見て、談志か……といった感じで動じてません。

やはり剣士、武術の心得があるから肝が据わってるんでしょうね。

ご案内ですが、師匠は小さん大師匠の弟子ですが、落語協会の分裂騒動で協会を飛び出し、破門ということになってしまいました。そして落語立川流の設立です。

伊豆榮の入口はさほど広くなく、しかしそのまますれ違うかと思いきや、大師匠より先に師匠が背筋を伸ばし立ち止まりました。

この時、師匠が師匠ではなく兄弟子のように見えました。あれだけ普段は大師匠の憎まれ口をたたいたりしてるのに、イザこうして会った瞬間はそうなるんですね。弟子の立川談志を初めて見ました。寄席時代の兄弟子は普通に見ていたんでしょうけれども。

「カミさんは元気か」

大師匠も立ち止まり、ボソッと師匠に声をかけました。

「はい、おかげさまで」

師匠が返事をします。

「そうか」

それで大師匠はまた歩き出し、店の前の通りに出ました。

それをしばし見送った師匠は、何ごともなかったように待ち合わせの階へエレベーターで行きました。

そしてその後、練馬のお宅でキウイの名前を頂くことに。

「お前、キウイになれ。それならイケる。責任もってやる。イヤなら変えてやる」

それまでヘチマ、ひょうたん、そんな候補もあったのですが談も志の字もないし、カタカナなので少し逃げていたんですけど、ついにイチオシされてたキウイに決まったんですね。

でも何だか僕にとっての節目の時って、たぶん気のせいなんでしょうけど、大師匠絡みで何かあるんです。

このバッタリの時は命名。そしてもう一つ、3度目の破門。それは02年の5月21日なんですが、その数日前の16日に大師匠が亡くなっています。

「目白（小さん大師匠）の件も何か影響したんじゃねぇか」

3度目の破門をそう解説してくれる兄弟子もいました。

まぁ命名は別にしましても、もしかしたら3度目の破門は、師匠には何かしらあったと思います。

やはり弟子にとって師匠はなんだかんだ自分の中にいますからね、わりと大きく。

こんなこともありました。

同じ91年の10月から、僕は銀座の美弥にお手伝いに出されてるんですね。どうも日記を見ていると、もともと師匠は美弥が好きでしたからチョクチョク顔を出してましたけど、それから美弥に来る頻度が高くなってるんですよ。

この当時は何とも思ってなかったんですが、今こうして見てみると、もしかしたら僕が無事に務まってるかどうか心配で来てくれてたんじゃないかって気がしています。

「お前はエへへの柳枝と柳好を聞け」

師匠は、カウンター越しに僕にそんな声をかけてくれてました。

またこんなこともありました。

「ティッシュ」

師匠に付いていて急にそう言われました。ある会場の控え室でした。

師匠に付くと専用のポシェットがあって、いつもなら入っているはずなんですけど、僕が見落としていたのでしょう。ティッシュがなくてオタオタしていたら、

「ティッシュ！　師匠がティッシュ！」

周りのスタッフが用意しようとしたら師匠が一言。

「いいよ。大丈夫だ。弟子がいるから」

そう言って、僕にティッシュを用意させようとしてくれたんです。

結局は給湯室のスタッフからポケットティッシュを受け取ったのですが、控え室に戻ってきたら目の前に箱のティッシュが置かれてたんですけど、それを使わずに僕のティッシュを師匠は待ってくれていました。

こうした小さくても一つ一つのことが積み重なって、いくら憧れ惚れたとはいえ赤の他人同士の関係から始まり、そして疑似とはいえ親子になっていけるんだろうなと思います。

「人間はなかなか了見は変わらないから、日々の積み重ねが大切だ」

これは同じ年の10月27日（日）、東京駅から師匠に付いてお供した時に言われたこと。ほんとそうだなと思います。

その後、突然F１のことを聞かれて僕は答えられなかったようです（これはおぼえていない）。

そして31日（木）に開口一番、F１のことを聞かれて、また答えられなかったそうです（こんなんだからダメだったんだよ！）。

でも流石の僕もヤバイと思ったんでしょう。次にお会いできた11月6日（水）、キングレコードで春日八郎さんについての対談があるので根津宅にお迎えに行った際、Ｆ１のレポートを提出したら、

「ウヘッ」

そう言って喜んでくれたと書いてあります。

やはり日記って書いておくもんですね。チョイとしたタイムマシンです。だから皆さんもブログをやってたら、それは良いことかもしれません。

師匠も前座の時からズッと日記を書いていたとのこと。それは晩年まで続いてた習慣でした。

師匠の前座の頃の日記、読んでみたいですね。小さん大師匠のことで何を書いてたかしら。

大師匠と師匠は、実の親子以上に仲が良かったと聞いています。

「人間は未練で生きている」

死にたい。

そんなツライことを思ってしまう時って、そりゃ生きていたら誰でも何度かあるかもしれません。

生きていれば色々あるし、その人じゃなければ判らないこともありますからね。

あれは志の輔師匠の新作落語で、『歓喜の歌』というのが映画化された時のこと。撮影が07年で二つ目ホヤホヤの頃です。

主演は小林薫さんでした。そして原作者である志の輔師匠の師匠である師匠が（何かややこしい感じ）ゲスト出演することになり、それで僕が二つ目でしたけどくっ付いてったんです。

「あのな、俺は今、死にたくてならねぇんだよ」

主演の小林薫さんは師匠のファンで、この日に会えるのを楽しみにされてたそうなんですが、挨拶で師匠のとこへ行ったら開口一番それで、すごく面食らってました。

まぁ無理もないですよね。師匠にしたら普段と変わらないというか、そんなことも初対面の人にも隠さないとこもあるだけなんですけど。

「俺は今、あんまり機嫌がよくない。だから近づくな」

いわゆる虫の居所が悪いっていうんでしょうか。そんなことも弟子に伝えてくれたりしたこともありました。

でもいつもというわけじゃないし、またある程度一緒にいれば、その時の皮膚感覚、空気で何となく判るもんですよね。

しかし世の中には、そんな雰囲気を微塵も感じさせず、前日前夜も全くいつもと変わらないのに、それなのにという方もいて、突然の自死に驚かされたりする場合もあります。

「え？　何で？　どうして？」

はたから見たら順風満帆、何の不満があってそんな思い切ったマネをしたのかと、そんなことを思わされる有名人の死もあります。

そしてショックです。

だってなぜだか判らないし、何よりも寂しいですよ、本当に。

「俺は今、死にたくてたまらなくなっている」

そんな電話が、師匠から僕の母親のとこにかかってきたことがあります。

どういうわけだか僕の母を師匠は気にいってくれてて、よく言われましたよ。

「お前の母ちゃんは面白えな。お前より母ちゃんを弟子にしたいくらいだ。そしたらすぐ二つ目だ」

だから僕にすれば我が母はライバルでした。イヤなライバルだ。

というか母は息子が言うのもアレなんですけど、悪気なく馬鹿なんですね。だってカウンターのチャンとしたお寿司屋さんに行って、

「何にしますか？」

と板さんに聞かれたら、

「イワシを三皿お願いします」

普段のクセが出ちゃったんでしょう。板さんも笑いをかみ殺しながら、イワシを〝三貫〟出してくれました。

また蕎麦屋に入った時のこと。冷夏だったからなんでしょう。

「あたたかい冷やしキツネうどん下さい」

「はいっ？」

店員さんが目を点にしてたのと、とっても恥ずかしかったのが忘れられません。これは息子だから判るのですが、そんなに冷たくないのを食べたかったのでしょう。一事が万事そんな調子ですから、何か面白かったんでしょう。息子も師匠の指を吹くくらいですから。

そんで盆暮れの挨拶で何か品物を家から送った時、基本的に師匠はお礼状を出すんですけど、母の場合は電話がかかってきたりしたそうです。

そして例の電話でした。最初、何の話か母は判らなかったそうです。

「どうしたんですか師匠？　何があったんですか？」

小林薫さんもそんな心境だったかもしれません。しかし母とは電話ですから会話は続きます。

「どうしたんですか師匠？」

「いや、何がどうってわけじゃないんだがね」

そして特に深刻さはなく、本当に何がどうっていう話をしたわけじゃなかったらしいのですが、しばし長電話をして、そして師匠は言ったそうです。

「母ちゃん、俺の周りは俺の言うことをハイハイごもっともですと聞くだけの奴ばかりで、やたら崇め奉られてんだよな。母ちゃんみたいに普通に話せる人が少ないんだ。今日はありがとう」

そう言ったんだそうです。能天気な母も、この時ばかりは少し神妙でした。

師匠は以前、高座だけじゃなくテレビでも、自分に自殺願望があるといった話をしたことがあります。

「生きて行くのさえ辛い」

ＮＨＫのハイビジョン番組で、そんなことを言ってました。

「人間は死ねないから生きている。死ねる奴はみな自殺している。人間は未練で生きている」

死にたいと思いながら死ぬに死ねない、という師匠を追跡した番組でした。それも07年です。母への電話もその頃でした。

これは師匠に限らずだと思いますが、何やら聞いたところによると、誰でも辛い気持ちの時はあるし、そして独りではいられないことだってあるし、その時に「死にたい」って思ったら、それを口に出して誰かに聞いてもらうのは大事なことなんだそうです。

それを聞いてくれる人がいるかどうか。

その一言を吐き出せるかどうかで、思いとどまれることがあるそうです。

だから聞く方はチャンと聞くだけでいい。だって死にたいと吐き出して済むものを実行されたら手遅れですもの。

師匠は誰かにその一言を言いたかったのでしょう。そしてたまたま母がその時そこにいただけだと思います。

しかし師匠は生きようとしたから電話をかけたんですよね。師匠は吐き出せる人で、吐き出そうとする人で良かったです。

書いててこんなことを思い出しました。

師匠のファンで何だか色々と行き詰まって家族も失った高齢の男性が、師匠に会って言いました。

「師匠、死のうかと思って高いとこまで行ったんですよ。でも人間ってなかなか死ねないもんですね」

そしたら師匠はニッと笑って、

「飛び降りちゃえ飛び降りちゃえ、あんたも知ってんだろ？『たがや』って噺、た〜

がやぁ～って叫んで飛び降りちゃえ」

随分と乱暴なこと言うなと驚き、本当に飛び降りたらどうするんだと心配になったら、

「師匠ならわかってくれると思いました」

そう言ってその人は急に笑顔を見せ始めたんですね。そして何か空気がガラリと変わったんです。

へぇ～こういう声の掛け方もあるんだと今、思い出しました。もちろん全員に通用するわけじゃないでしょうけど。

そういや師匠は、他の方にこんなことも言ってましたよ。

「人生どうせツマンナイだろうが、死ぬまで生きてりゃ充分だ」

それは死ぬに死ねない師匠の心境だったのかもしれません。

「落語を聴いてりゃ自殺なんかしない」

そうも言ってました。でもその続きがあります。

「聴きすぎると無気力になる」

死ぬよりかはいいです。そして師匠は思いとどまれました。

「ズルイよな」

上方の桂枝雀師匠が99年に自殺で亡くなった時、そうポツリと美弥で一言。

「中には立川談志を百年に一人の天才という人もいる。違う、違うのだ。百年に一人の狂人が出ただけで、芸より死を選びつつある」

師匠はそんなことを言ったり書いたりもしてました。しかしこんな言いつけもあったんですね。

「キウイ、明日、健康診断の帰りに美弥へ〇時に寄るから、東生園の五目焼そばを頼んですぐ食べられるようにしといてくれ」

死を選びつつあるわりには健康診断とか五目焼きそばとか、何だか生きる活力があるじゃんって。胃カメラ飲むんで前夜から何も食べられない為、お腹が空くと思ったんでしょうね。後から餃子も追加してました。

しかし人間は判らないと言われたらそれまで。

ともかく師匠にもそんな面があったというお話。

まあ、とりあえず今日一日、生きてみましょう。

「ガンじゃない奴は死んじまえ」

師匠の有名人コースの弟子に漫画家の赤塚不二夫さんもいて、その高座名は立川不二身。

なので高田文夫先生やミッキー・カーチスさんの弟弟子にあたります。

一度だけ立川流落語会でお会い出来たのですが、まさにバカボンのパパの風貌で、とってもキュートな印象の可愛い方でした。

また赤塚さんの弟子筋の高井研一郎さんも師匠が好きで弟子でした。

高井さんの高座名は立川雄之助。

本当に酒が好きで何回か楽しく呑んだおぼえがあります。しかし本当に泥酔するまで呑むので、よく運転手さんに謝りながらタクシーに乗せていたおぼえもあります。

話をもどして、師匠と赤塚さんの共通点の一つにガンがあります。しかも同じ97年に二人とも発病してるんですよね。

それで対談を何回かされていて、その時に出た言葉が、

「ガンじゃない奴は死んじまえ」

でした。

「ガン張れ～」

そうも言ってました。

不謹慎に思われるかもしれませんけど、それはガンを告知されて悩んでる人達へのエールのつもりで、それこそお二人は命がけでシャレのめそうとしていたんだと思います。

ちなみに赤塚さんも食道ガン。手術をして食道をとって、そこへ代わりに切った腸を持ってきてつないだんだとか。

それで主治医に赤塚さんはこう言ったんだそうです。

「じゃあ先生、口からうんこが出てくるの？」

先生にはまったくウケなかったそうです。そりゃそうかも。

そして師匠は師匠で芸能記者やＴＶクルーが付いてまわりはじめたので、

「のんびり買い物もできゃしねぇ」

と嬉しそうに言ってたのが印象的で、しかも97年はダイアナ妃の事故死がありましたから、

「パパラッチってのはカメラマンだろ？　俺もガンじゃなく事故で死んだらかなわねぇ」

と、ロイヤルファミリーみたいなことも言ってたっけ。

こんなこともありました。

あれは手術を間近に控え、それでも地方の落語会をキャンセルせず、そしてＴＶのワイドショーが密着取材の為、東京駅まで師匠に付いてきまして、東京駅の地下からホームのある地上までの長い階段をエスカレーターも使わずに師匠は上がり、それを後から追いかけ付いてきたカメラマンさんは言ってました。

「ガンになった有名人を色々と撮ってきたけど、こんなに元気な人は初めて見た」

そして師匠を見送った後、入れ違いで何と五代目圓楽師匠が同じホームを歩いていて、別に圓楽師匠はガンでも何でもないのですが血色が悪く、何だか具合が悪そうに見えたので、

「談志師匠より圓楽師匠を撮った方がいいんじゃないかな」

と言ってたのが忘れられません。しかし病は気からと言いますが、師匠は世間の注目を集めて逆にそれで元気をもらったように思います。

それで師匠を見ていて、ガンって実は体にイイんじゃないかとさえ思いました。

そんな風になまじ元気だったせいで、師匠は狼少年でガンは仮病じゃないかと疑ってた人もいたとか。

そして9月に手術をして経過も順調でした。

まだ初期だったことから、それで師匠はガンはガンでも「ガンもどき」とシャレて、この一連の騒ぎを落語の『寝床』からがんもどきの製造法ならぬ「ガンもどきの営業法」となぞらえたりもしました。

この頃ですよ、例の談志語録が出たのは。

「ガンになったくらいで酒と煙草をやめるのは、意志の弱いヤツだ」

煙草を吸いながらの入院記者会見。演出家談志の面目躍如です。

しかしこれから徐々に少しずつガンも進行していき、最後は喉頭ガンで11年に逝ってしまうのですが、その前の08年に赤塚さんがガンではなく肺炎で死去。

その時に師匠はコメントしてます。

「作品はあんまり馬鹿馬鹿しいんで、めったに笑わない俺が笑った。常識、非常識を超えたものが詰まっている。狂気の奥にあるイリュージョンがね。ジャンルは違うけれども、俺も最終的に狙っているのは赤塚とイコール」

　そして最後はこう締めくくりました。

「楽になってよかったな」

　その後、師匠は自分のガンの闘病をこう言ってます。

「ガンは人生の未練の整理にいい」

　ガンは例えば事故死、それこそ談大じゃありませんがクモ膜下といった急なものではなく、いくらか時間が残されていますから心と生活の整理、その用意ができるという意味だと思います。

　病状が進む前から師匠は毎年こう言ってました。

「俺は今年で死ぬ」

　当時はまた今年も言ってるよって思い、むしろギャグとしてネタにしてたくらいでしたけど、それって師匠の『葉隠』だったんじゃないかなと今は思っています。

「武士道と云うは死ぬことと見つけたり」

　それと同じで本当に死ぬのではなく、死んだつもりになって、もう年も年だし残りの人生を少しでも未練なく過ごそうという、そういう心境からだったんじゃないかなって。

「人生、そこまで気づかなかったという、人間は究極のところ、そんなとこで生きてるし、それで一生を終わる。何でも全部気が付いたらおかしいし、死ぬこと自体そうだ。今日は死なないと思ってんだよ、お互いな。そんなことない、どっかで死ぬんだよ」

そう言ってた師匠は、ふとした病か発疹チフスで死にたがってましたが、やはりそうはいきません。

寄席の楽屋だと、予想は他殺でしたけれども。

「立川談志、落語家として己として充分に生きた」

最晩年に師匠はそうも言ってます。だから未練の整理もついてはいたでしょうね。

「これでいいのだ」

これは赤塚さんの名台詞。

やはり最終的に狙っているのは、本当にイコールだったんですね。

第四章　「勝手に生きるべし」

（これと「人生成り行き」が談志の二大名言）

「お父さん、寝ちゃって大丈夫かい」

当時これは話題になり何かで見た聞いた、それで記憶にある方もいらっしゃると思いますが、98年に長野県飯田市で、師匠の高座中に寝ちゃったお客さんがいたから出てってもらったら、

「落語を聴く権利を侵害された」

として訴訟を起こした人がいます。

訴えられたといっても師匠ではなく、被告は師匠の独演会をやった主催者の方でしたけど、なかなかに興味深い裁判でした。

「お父さん、寝ちゃって大丈夫かい」

師匠も最初は起こそうとしたんですがダメで、そんでテンションも下がり、

「やる気なくしちゃったよ」

と師匠は高座を降りてきたんですね。そしたらそのお客さんは恥をかかされたと思ったんでしょう。

「金を払ったんだから何したっていいだろう」

そう言って怒って帰ったんです。これ水商売でやったら、お姉ちゃんに嫌われる形ですよね。でもそれで済めばよかったのに訴えちゃった。寝たのは自分なのに。今も昔も困ったお客さんはいます。

そういえば僕の場合、客席で編み物をしてたお客さんがいまして、居眠りとは違いますが周りからも目立つし、やはりやりづらいもんですよ。だって目の前でマフラーが編み上がってってって、イニシャルはEかなとか気になりますもん。

そんで仲入り時に係の人に注意してもらったら、

「どこに編み物が駄目って注意書きがあるの」

って逆ギレされたとか。

普段そのお客さんは部屋で編み物しながら落語を聞いてるんですって。だからクセなんでしょうけど、色々な聞き方があるもんだと思います。

「いい芸は眠くなる」

師匠は名人芸について、そのように言ってました。だからそのお客さんもまずは起きたら、

「師匠、ごめん、いい芸だから眠くなっちゃった」

とか何とか言って済ませばいいのに、妙にお客さんぶっちゃったというか、裁判にまで持ってってったらシャレにならないですよね。

しかし、名誉毀損による損害賠償の請求は棄却。師匠はこうコメントしました。

「訴えた人は言語道断。寝たことに怒ったのではなく、お客さんとの空間を壊されたことに腹が立った」

ちなみにこの時にお供した前座から聞いたところによると、開口一番でこの前座がやってた時は起きてたらしいんですよ。でも師匠が出たら寝ちゃったんですって。逆ならよかったのに。

「怒りとは共同価値観の崩壊」

師匠は人が怒る理由をそう言います。価値観の共有が容易ではないのは確か。

「怒りは相手の寛容さに対する誤認」

泣く子供には寛容でも、野暮な大人には違うのが師匠の価値観でした。

「正月や狸が見てるクリスマス」

毎年正月の２日は恒例の一門の新年会でした。

お昼頃に黒紋付に羽織袴で師匠の墓前に集まり一人一人手を合わせます。

新年会をなぜ２日にやるのかというとその日は師匠の誕生日だからで、それを兼ねてやっていたんです。

しかし一門でお祝いしていた日が今では墓参りの日。何でも変われば変わるもんです。

「明けましておめでとうございます」

一門が集まり出して結構な数。もう何十人になるんだろう。皆んな黒紋付なので、パッと見だと反社の集団に思われるかもしれません。

でも顔を見たら何かマヌケだな、弱そうだぞ、あ、落語家かってなって、それで通報は免れてたりして。

しかし最初は直門《じきもん》だけだったから十数人程度で、僕が入門した30年ほど前は、師匠の練馬宅で新年会をやってました。

西武線の保谷駅と武蔵関駅の間にある、どっちからも遠い練馬の師匠宅は今やリフォームして志らく兄さんがご家族で住まわれています。

「良い家とは、雨漏りする家のことである」

師匠は住まいについてコメントを求められるとこう言ってましたが、それって実は練馬宅のことでした。

当時はリフォーム前でアチコチが傷んでまして、雨漏りどころか天井が抜けたりしてましたけど、庭の真ん中にある大きな八重桜が目印の立派な構えの一軒家でした。まだ師匠のお母さんもお元気だったし、妹さんもオカミさんもいらして、これまた昼頃から深夜未明まで新年会をやっていたんです。

一門は言うまでもなく年始のお客さまも訪れますから、前座はフル稼働で大変。あっちでは玉子焼きが食いたい、こっちでは酒を持ってこいでてんてこ舞い。

「お前さんは俺が歯の悪いことを知っていて、そんでこんな硬い餅を食わせようってのかい？　俺ぁな、磯辺じゃねぇんだ！　雑煮が食いたいんだ！」

兄弟子に怒られて、料理を任されてる台所のオバさまに改めてお願いに行けば、

「さっき○○さんに渡したわよ」

と注文が混乱していて、でもそこにまた別の注文が入って、結局は雑煮はどうなったか判らず仕舞い。ちなみにこの兄弟子とは桂文字助師匠。

「前座！　これはウスターソースだ馬鹿野郎！　おしたしをそれで食わせる奴があるか！」

横を通ったら急に怒鳴られました。

「だから醬油はその隣ですって！　酔って自分で間違えたんですってば！」

と心の中で叫ぶ僕。はい、これも文字助師匠です。

とにかく慌たゞしくてほんとに前座は辛いと思いました。だって誰かがいなくなるまでですもん。

「おい前座、いくらかまわせ。あとで倍にして返してやる」

そう言って、前座のお年玉から幾らか借りようとした文字助師匠から逃げる仕事もあったっけ。

それというのも新年会は2階の和室でやるのですが、それも最初のうちで、段々に銘々があちこちで好き勝手にやり始めます。

そしてそこで1階の六畳ほどの前座部屋で、これまた恒例の博打大会が一門で始まるんですよ。まぁシャレのお遊びですけどね。花札とかトランプとか。師匠はやらなかったですね、加わらなかった。

「博打はやらなければ負けない」

そりゃそうですよ。その通りだと思いますが、でも師匠が入ったら皆んな気を遣って負けたりもしますから、それもあったかもしれません。

あの時はお年玉をもらえていたんだよなぁ……と懐かしむ。一門の皆さまから、もちろん師匠からも貰えて、それが馬鹿に出来ない額でしたから、前座にしたら有難い実入りでした。

「今年もキウイにお年玉をやるのか」

兄弟子が、僕の長い長い前座をからかってくれました。

「このままズッと前座でお年玉を貯めて家でも建てろ」

お年玉だけじゃ建てられませんってば！　でも今じゃあげる方になりました。

いつかお年玉をあげられる身分になりたいなぁと思ってましたけど、あげるのが当たり前になると、やはりお年玉はもらう方がいいなと思います。

そういえば一度、志の輔師匠のお年玉の額がすごくて驚き、

「やはり売れてる人は違う」

心底そう思いましたね。間違いだったのかもしれませんがもう時効ですよね。

黒紋付に羽織袴。前座の頃はお正月にそれを着られる身分がうらやましくて、前座も着物姿で働きますけど、やはり紋付じゃないですから、前座はまだそれを許されず二つ目になってから着られるので、僕もそれを着て二階の和室で酒を呑みたいなと思いました。下積みのささやかな夢。

床の間を背にした師匠が真ん中に座り、左右で列を作って一門が座る。前にはそれぞれお膳がある。

師匠が年頭のお言葉、お話があって、乾杯して、弟子は全員お年玉とその年の干支の手ぬぐいがもらえます。

しかし前座は給仕の仕事があるので、シミジミはもらっていられません。すぐさまお酌とかお運びとか。

「早くゆっくり座って呑みたいな」

それは本当に痛切に思いました。

酒や肴は特別にあつらえたり頼んだりしたものでもなく、大抵は盆暮れで頂いた物。

「在庫処理だ、遠慮するな」

そう言って出してくれるのは師匠がもらうものですから決して安くはなく、良いものばかりなんですけど、何て言いましょうか、お酒はいいんですよ、腐るものじゃないから。色は変わらないから。

でも料理となると、それ、一昨年のお正月に出すべきだったんじゃないすか？　というのや、マンモスのごとく冷凍カチコチな物もあり、フリーザーの中には投げたら手裏剣みたいに壁に刺さるトロロもありました。ノー・フードロス。

磯辺や雑煮に化けたお餅も、凍り切って岩石みたいな5年ものとかでした。

「おせちもいいけどカレーもね」

その昔、そんなＣＭがありましたが、在庫処理なので最初からカレーが出てくるような、そんくらい自由な楽しい新年会でした。

また、同じ練馬にある葵寿司の大将がちらし寿司を大きな飯台でいくつも重ねて持ってきてくれて、皆さんも食べますけど我々前座も仕事の合間にそれを食べさせてもらえて、美味しかったー、本当に。

急ぎの立ち食いで、どこに入ったか判らない感じでしたけれども。

「いつかお前らがイイもんを食えるようになったとしても、こうして食ったものの方が絶対に美味かったとしておぼえてるもんだぞ」

その時はそうかもしれないと思った程度でしたが、それは師匠の仰る通りでした。

そのうち師匠も練馬に集まるのも面倒になり、上野東天紅で新年会をやるようになった為、結局は練馬で黒紋付で座って酒を呑む夢は叶えられず仕舞い。

だって東天紅でやるようになってもまだ前座でしたからね。そんくらい前座が本当に長かった。

しかし今は着られるようになって嬉しいですよ羽織袴、でも袴、便所の時は不便。

というより東天紅で新年会になって、そしたら会場の人が全部やってくれる為、当時のてんてこ舞いはないから何だか新年会って感じがしなくなってしまいました。普通にパーティーって感じ。少し味気なく寂しい。

「正月や狸が見てるクリスマス」

これは何のお言葉かというと、「ガリガリかじる春の鮫」と同じく、センスが勝負の馬鹿馬鹿しさ。判る人には判る談志流イリュージョン俳句で、ともかく師匠がサイン色紙にこう書いたことがありまして、

「これは正月だから3000円で売れ」

と言われてから、そうか正月って3000円なんだと変な納得をしたという、そんな地道な思い出があるイリュージョン俳句なんです。

イリュージョンといっても、談志信者ならいざ知らず、初めての方がわからないといけませんので、まずは師匠の落語の定義を。

「落語とは人間の業の肯定である」

これは人間のだらしなさ、駄目さ、弱さを許容するのが落語というものだと。つまり人間には愚かさもあれば煩悩もあり、そこでイリュージョンとは、そのまた先の潜在意識、狂気、それをも落語で表現しようという試みだったのかなと。

ざっくり言うと、わけがわからない世界です。でも、ピンとくる人もいるし、面白ければそれでいいわけで。

思いがけない組みあわせで、新鮮なギャグを作る。要はシュール落語、という感じですかね。

そして落語はリズムとメロディであると。歌と同じです。

「俺の身の回りのこと、言い付けが出来ない奴は売れねぇ」

数年前の新年会で、談春兄さんと席が隣だったことがあります。

その時に兄弟弟子なんですけど、『赤めだか』がＴＶドラマ化されたし、何だか妙に緊張したといいますか、改めて思ったんですよね。

そうだよ、談春兄さんも売れてる人なんだよ。僕なんか相手にならないくらいスゴイ人なんだよ。こんな隣同士で近くにいても。

同じ落語家でも活躍する人もいれば、仕事に困って青息吐息の僕みたいなのもいる。売れる売れないで悩める人もいれば、食える食えないで喘いでいる者もいる。

「売れた方がいいに決まってる。精神的には豊かかもしれないけど、だけど売れないのはツライ。結局やることがないからウチの人は家でカレー作ったりしてる」

そんな胸の内を明かしてくれた芸人のオカミさんもいました。だから芸人はそれで素直に自滅する人もいるのでしょう。特に酒で。

僕は16年半も前座をしてきましたが、売れるって修行は関係ないのかな、やっぱし才能かな。

「売れたくない奴は落語家になるな、現代（ＴＶやマスコミ）で売れてこい」

談春兄さんは師匠がよく言ってたことを見事にクリアされた方の一人です。

「売れてこい！」

「はい、売れてきました」

誰でも出来る、そんな簡単な話じゃないですからね。

落語をもっとメジャーにしたい。古ぼけた時代の遺物にしたくない。落語にもっとキラキラしたものを持ってきてグレードを上げていきたい。つまり売れることも落語のためと思っていた師匠でした。

今でこそ志らく兄さんがＴＶに出ずっぱりだったりしますし、談春兄さんはドラマや映画に出ています。また様々な形で他の一門も活躍しています。後に続く二つ目さんもいます。

これはその昔、志の輔師匠について師匠はこんなことを言ったり書いたりしてたんですね。

「チョイと頑張りゃ、誰でも志の輔くらいにはなれる」

そういうこと言われて、志の輔師匠も嫌な思いはしたでしょう。先も書きましたが売れるって、やはりそんな簡単な話じゃないですもの。というよりほとんどが売れてません。むしろ喰えないことが前提の稼業です。

だから師匠は、志の輔師匠に会うと言ってました。

「あれはな、そこに基準をおかないと、俺の考える落語界が保たないということだ」

師匠なのに言い訳してるみたいな感じで、可愛かったのをおぼえています。

師匠は売れることについて僕にも色々と話してくれました。もちろん他の弟子にもしたでしょう。今回は僕に言ってくれたことをいくつかご紹介させて下さい。

「TVだって、出してもらえるとこになるまでが大変なんだよな」

「TVに出られるなら出とけ。正直そんなもんだ。TVとかに出てると落語家としての楽しみはなくなる。そっちに行きたければそれは構わない」

「TVとか出て何とかなっていくというのもいいが、ほんの数年いい女が寄ってきてな、でもそれだけじゃないだろう。好きならば落語をやってけばいいんだ」

「TVと落語は両立できる」

「売れれば付いてまわるものが増える。その対処を知っていかねばならない」

「売れるなんてのはな、てめぇの顔をどんだけ世の中に多く配って回れるかってだけでな。何をやっているかなんて、本当はあまり関係ねぇんだよ。むしろそのせいで苦労が増えて、ヘタすりゃ殺されちまう」

「売れてない奴は売れてる奴の苦労がわからない」

「売れたって大したことはねぇ。落語のプラスには何もならねぇ。落語会をやって少しばかり客が来るようになったとしても、それは少しオッチョコチョイの女に惚れられたのと同じでロクなもんじゃねぇ。でも売れる売れないを言うなら売れてこい」

「売れてる奴は伝統だけやってる奴から見たらとんでもねぇってことで、認めたらエライ目に遭うってんで叩かれる」

「（落語家は）全く何もしない。何の努力もしない。むしろそれがイヤでわずらわしくてなったはず。自分は落語家ではない面がある」

「真打だからって何が変わる？　何も変わらない。芸は二つ目って奴もいるんだ」

「俺は大学みたいに落とすことが目的じゃない。みんなに上へいってもらいたいんだ」

「（売れてる方に対して）本物じゃないのが多い」

「芸人はどっちかになりやすい。本当に忙しいかヒマか。選ぶのは結果自分だ」

「やることが一杯あるはずだ」

「やってくうちにわかる。やらなきゃそれまで」

そういえばこんなことがありました。師匠に取材で落語界について聞いた記者が、志の輔師匠が売れた理由を聞いたことがあったんです。そしたらこう答えてました。

「志の輔は自分に出来ることを精一杯やった。それでいいんだ。他の落語家は馬鹿だから出来ない。やらない奴ばかりだ。その違いだ」

誰でも志の輔くらいにはなれると言ってた師匠でしたけど、後年、師匠はこんな言葉を書いて志の輔師匠に渡してましたよ。

「志の輔、落語立川流の最高傑作也」

その時の取材では、こうも言っていました。

「弟子には売れてもらいたい。むしろ売れてもらえた方が有難い。だが、いくらやっても俺には敵わない」

でもそんな師匠だって談春兄さんの本が凄かった時、やっぱり色々あったし、そうした矛盾も抱えてた師匠だったなと。それが人間なのかもしれないなと。

それで新年会。談春兄さんって二宮和也さんと仲良しなんだよなー。大野智さんと映画で共演したんだよなー。すげーよなー。

そんなことを思いながら隣の席でボンヤリしてたら、談春兄さんから急に、

「キウイ、今お前、何考えてんだ」

と聞かれたので笑顔で答えました。

「はい、談春兄さんのことです」

「しらじらしいこと言うな！」

新春早々に兄弟子から小言でした。やぶ蛇。

売れる売れないで師匠は色々と話してくれましたが、僕が前座の時に一番聞いたのがこれ。

「俺の身の回りのこと、言い付けが出来ない奴は売れねぇ」

これだけは言えます。下積みは長きゃいいってもんではないです。

「心臓なんてなくてすみゃないほうがいい」

「映画を観ない落語家の落語が面白いはずがない」

師匠はそう言ってる以上に映画が好きだったし、またその通りに映画を噺に活かしていたから、その影響で一門でも映画をよく観る弟子は多く、志らく兄さんはシネマ落語という名作映画を落語にするジャンルを開拓したくらいですし、ブラック師匠は年間500、600の本数を当たり前に観ています。もちろん全て映画館ですよ。

なので僕も観るようにしていて、それで前座の頃、池袋にある落語会でもお世話になった文芸坐、それが改装されて今は新文芸坐にもなるたけ足を運んでいます。

それで僕が知る限りだと師匠のベスト1は『雨に唄えば』でしょう。

後は『ザッツ・エンターテインメント』『イースター・パレード』『大平原』『踊る大紐育』『情婦』『マダムと泥棒』『我輩はカモである』『街の灯』『ワンダとダイヤと優しい奴ら』『殺したい女』『ダイ・ハード』『ジョーズ』、ザッと浮かぶのでもそれなりにあります。中でも僕が印象に残っているのは『オー！ゴッド』でした。

とにかく師匠は映画を観てくると全部喋ってくれるので、旧作ならまだしも新作だと耳をふさぎたくなりましたが、でも談志が語る映画ですからね、それはそれで聴きごたえは十二分にありました。

そして『オー！ゴッド』。これは77年の作品なので旧作でしたが、観る前から何でも知ってるくらい師匠から話を聴いてます。

ストーリーをザックリすぎるほど大まかにいうと、スーパーの売り子の男が神様から自分の存在をアピールしてくれと頼まれ、最後は新興宗教団体に訴えられるんですね。でも男は弁護士を呼ばずに神様が来てくれると言って……。ラストはあえて書きませんが、師匠はその訴えられて裁判所で男が陪審員に言うフレーズもお気に入りでした。

「今、困った時は神様が助けにきてくれると私は言ったが、もしかしたら本当に神様が来るんじゃないかと、あなた方は少しでも思わなかったでしょうか。神様はそこに存在するんですよ」

後はぜひ何かでご覧になってみて下さい。

そして新文芸坐。今は代がかわりましたが先代の支配人は師匠とも懇意にされていて、そのご縁で新文芸坐での和田誠さん企画のトークライヴに師匠は出てました。

「談志はね、偽悪者で典型的な江戸っ子だよ」

先代支配人は、そんな風に師匠を評価してました。

その先代は心臓を患い入院した時、師匠は『人生、成り行き〜談志一代記』という新潮社から出した本（08年刊行）をお見舞いとして届けたんだそうです。

「心臓なんてなくてすみゃないほうがいい　立川談志」

自分もガンを患ってるのにサインと一緒にそんな一言も添えてあって、大変に感激したって聞きました。

偽悪者で典型的な江戸っ子。それがこの一言に充分あふれてますよね。

落語とは江戸の風、匂い。これは江戸情緒と気質、その了見と僕は解釈してます。

師匠は江戸の風、匂いを高座の外でも漂わせていました。

「伝統を現代に」

これが師匠の落語のスローガンです。

池袋にある新文芸坐は名画座で、古い映画もなじむとクセになるし、また奥が深い。

それはどこか寄席の味わいに似ています。入り口受付には和田誠さんによる映画のイラストが展示されており、まるで画廊のようです。

談志も来た映画館なんだ、と思って足を運ぶのも一興です。

これは新文芸坐だけじゃありません。

いると思えばいつでもどこかに師匠はいます、きっと。

立川談志は今も存在しています。

「志ん生はここにいる　立川談志」

師匠は贔屓にしていた浅草の洋食屋に、そんな短冊を書いたことがあります。

それを見た義理の孫にあたる中尾彬さんが、

「お爺ちゃんは江戸川橋のお墓にいるよ。勝手に連れてかないでよ」

そう言って皆んなで大笑い。

でも後で言ってました。

「談志師匠のとこにはいると思うよ」

「お前、字が書けるんだな」


『万年前座』という、僕を真打にしてくれた本を出した時のこと。

本を師匠に届けて、そんで読んでもらえてから初めて会った時の第一声。

「お前、字が書けるんだな」

「は、はい、少しは」

どういう会話なんだと今でも思いますよ。そして次の一言。

「よく書けてる、えらい、ほめてやる、お前、真打になっていい」

最初、何を言ってるのか判りませんでした。日本語なんだけど全く意味が通じてこなかったです。

でも伊達に破門を3回も喰らってません。何だかよく判んないけど真打になっていいと言ってくれてる、ここで躊躇したり、いいえ、まだ自分は真打になるほどの……と遠慮でもしたら師匠は機嫌を悪くするかもしれない、せっかく俺が言ってやったのにキウイは断ったと人伝に聞いたら堪らない、それで考えるよりも先に体が反応していました。

「はい、ありがとうございます！」

そうしたら、師匠がニコニコッとして頷いてくれました。

「うん、なれ、なっちまえ、お前が好きな時になっていい、いいぞ好きな時で、明日でも明後日でも」

そんなに急にはなれるわきゃないです。しかし師匠は本当に嬉しそうにしてくれてて、それが真打になれることよりも嬉しかった。

その横で口には出してないけど、

（兄さん、よかったですね）

と、これまた嬉しそうな笑顔で僕を見つめるお付きの弟弟子の談吉が可愛かった。

本を出した翌年だから10年の春先のこと。銀座の美弥での出来事です。

そしたら僕の担当編集者のOさんが本の帯を真打バージョンにして販売促進しようと考えてくれまして、ついては師匠にお断りせねばならず、そんで根津の師匠宅へお伺いに行ったのですが怖かった。だって……。

「師匠、本の帯を万年前座が真打にと書いて新しくしたいという新潮社からの提案がありまして、つきましては私は本当に真打になってもよろしいんですよね……？」

そう聞いてですよ、確認してですよ、師匠は朝令暮改の方でしたからね。

「キウイ、あれは夢だ」

そんな『芝浜』みたいなこと言われたらたまんないですよ、マジで。

だって決めた昇進の取り消しは過去にもありましたもん、談志門下には。そして恐る恐るお伺いしてみたら師匠はハッキリ言ってくれました。

「キウイ、売れるためなら何でも書け。真打だなんてケチケチしたこと書くな。名人と書け！」

僕への決定はゆるぎなかったです。しかも名人ですよ、名人。

こう見えても談志が認めた名人なんです僕は。本当は〝迷人〟なんでしょうけどね。

でもそれじゃ出版真打ですから、厳しいはずの昇進基準はどうなんだってことになりますよね。

こんなケースも以前ありました。

俳優としてもご活躍中のミッキー・カーチスさんも、実は高田先生やたけしさんと同じ形で談志の弟子、ミッキー亭カーチスの高座名で落語家なんです。

「ミッキーを真打にする」

師匠がそう言われました。98年のことです。ミッキーさんは人気もあるし落語も面白いし、誰もそれに異論はありません。ただその後、こう言ったんですよね。

「ミッキーは歌と踊りも出来る。立川流の基準を満たしている。お前らもああいう風にやればいいいんだ」

あの……師匠、これから歌舞音曲の昇進基準は「ロカビリー」になるのでしょうか……。本当にそう思いましたよ。でも、でもこれで師匠の前でロカビリーを本当にやったら怒るんですよ、きっと。

というよりロカビリーだってそんな簡単なもんじゃありませんし、ミッキーさんだからこそです。ここです。要は師匠にどう自分を認めさせられるか。

「感性の問題なのだから出来る奴は出来るし、出来ない奴はやめるしかない」

師匠は昇進試験について、そのように言ってました。つまり「センス」だと言ってるんですよね。僕は本で師匠のセンスに引っかかったんだと思います。でも小談志はこう分析してくれました。

「(ズーッと前座にしてたから)師匠も兄さんに悪いと思って、キッカケを図ってたんじゃないすか」

なるほど、その可能性高い。でもそしたら、次から真打の基準は「師匠の心苦しさ」なのかしら。まあ「心証」はどの世界にもありますよね。

ともかく師匠は予測不能でしたし、むしろ予測不能であろうとしたんじゃないかなと。晩年の手前の50代60代は落語家の枠を超えて、師匠がイリュージョンそのものになろうとされたのかなと。最晩年は「江戸の風」になりましたが。

ともかくその予想不能が独特な理不尽を生み出し、そして弟子はますます鍛えられていったんでしょう。

「これから俺は狂うぞ」

そんなことをポツリと言われても前座の弟子は困りますよ。それも破門や昇進に影響してたかもです。しかしそれはどうにも出来ません。

「きっとお前もそうなる」

志らく兄さんや爆笑問題の太田さんにそう言われたりもしてました。

とりあえず僕は、字が書けたから真打になれたんだと思っています。

「師匠に意味があるとしたら、落語の歴史の中にいたということを残してやれることだ」

17年11月27日、この日の夜は白金八芳園で志の輔師匠の二番弟子、志の八の真打パーティーがありました。

真打とは落語家の人生一度の晴れ舞台。この時を目指して頑張ってるというのもあります。

だからゴールだという人もいますが、やはり新しいスタートではないでしょうか。

結婚式とは違いますから間違えての2度目はありません。どうやってもこの時限り。

まずは会場の入口で新真打とその師匠が金屛風を背中に黒紋付の羽織袴姿でお客さまをお迎えします。

久しぶりにお会いする方、お馴染みの方、懐かしい方、誰だっけ？　という方、様々な方がお祝いの言葉とともにご挨拶。新真打はひたすら頭を下げて御礼を言うので精一杯。

今宵の主役は志の八。その横には師匠である志の輔師匠がいます。

とりあえず僕は身内ですから遠慮しながら通りますが、志の八はチャンとご挨拶してくれます。

「兄さん、ありがとうございます」

「いや、ほんと、ね、うん、幸せにね」

幸せにねって結婚式じゃねぇーっつーの！　と内心自分ツッコミしてました。

（キウイ、お前も来てくれたのか、すまんのぅ、ありがとう）

言葉にはしませんが満面の笑みで志の輔師匠が僕を見て、そう言ってくれてるんだろうなというのが伝わります。やはり弟子の真打昇進が嬉しくない師匠はいないはずです。

そしてお客さまを迎え切り、皆さまがそれぞれテーブルに座っていると、司会の方の紹介でスポットライトを浴び新真打とその師匠が入場して各テーブルを回ります。

結婚式でいえばバージンロードかな、花道。皆さんが拍手で迎えます。この時のあたたかい雰囲気はやはりイイものですよ、本当に。

「おめでとう志の八」

僕も参加した一門の皆さんも拍手拍手、本人にすれば師弟であることを実感、その良さを噛みしめられる瞬間です。

（僕の時は違ったよなぁ……）

ふと自分の時の真打昇進パーティーを、拍手しながら思い出していました。

僕の真打昇進パーティーは、東京會舘で11年5月21日でした。

師匠はすでに具合が悪く、11年3月の川崎での落語会から高座には上がっておらず、治療に専念されてました。

表には一切出ませんでしたしお見舞いもお断り、パーティーには参加の予定ではありますと事務所から聞いてましたから、お客さまであるマスコミの問い合わせは僕がどうこうではなく、

「談志は来るのか？」

というのばかりでしたけど、ともかく事務所からの返答を伝えていました。

僕のパーティーの司会は兄弟子、左談次師匠にお願いしてまして、

「いいんだよ、師匠はチョイと来て手の一つも振ってくれりゃ客は納得するから、来なきゃ来ないでそれまでだろうよ。何だっていいんだよ、ただどうでもよくはないからな。とにかくやりゃあいいんだよ、それで駄目ならそれまでよ」

と、そんな兄弟子らしい励ましでした。

そして当日、師匠は来られませんでした。

現金なものでマスコミも師匠が来ないと判ったらサッササと帰った人もいましたし、最後まで残ってくれた方もいて、やはり両方いるんですよね、何でも。どっちか極端になることは滅多にありません。

師匠が来ないということで、一門の方も随分とサポートをしてくれました、というより全員が来てくれたんです。本当に嬉しく有り難かったのですが、問題はそのバージンロードでした。

「新真打、立川キウイの入場です」

左談次師匠の司会で紹介されて、会場の方がサッと扉を開けてくれて、パッとスポットライトが当たって中に入った時、大爆笑でした。

だって僕一人なんですもん。そんなことはまずないですよね。

「頑張れー」

「いいぞー」

そんな声援が飛び交いました。介添えなしで一人でテーブルを周り、中には何故かビールをついで渡そうとしてくれた方もいたりして、まるでどっかの居酒屋の二次会みたいです。

そうしてどうにかテーブルを回り切り、会場の中央にある壇上にたどり着いたら左談次師匠が一言。

「こういう奴です」

それでまた爆笑でした。それはそれで良い思い出ではありますが、でもこうして今、志の八と志の輔師匠が二人でゆっくり歩いているのを見たら、

「いいなぁ……」

と、うらやましくなる気持ちもあります。やっぱ師匠と歩きたかったですよ。多分一人で入場してテーブル挨拶を回ったのは、落語界広しといえども僕くらいしかいないかもしれません。しかもその年の新真打は僕だけでしたからね。

志の八のパーティーでは当たり前ながら壇上での祝辞も皆さまチャンとされてましたが、僕の場合はスタートがそんなだったし司会も煽るので、

「えー今日、師匠が来なかったのは、亡くなったビン・ラディンの喪に服す為と聞いております」

と、まぁ自由闊達なスピーチが多く、けど中でもこの志の八のパーティーでもそうで

したけど、高田文夫先生のスピーチは僕の時も大ウケでした。

「すみません、ガンのせいで弱気になってキウイをついつい真打にしてしまった私がなでしこジャパンです……あ、間違えました五代目圓楽です……すみません、とっくに死んでましたね。本当は私がビン・ラディンです」

延々とボケて下さり、その後も面白くて、ギャグであり笑いにも感動があるんだと改めて思ったのが強く印象に残っています。

そして志の輔師匠の志の八に送る祝いの口上。これはその一部です。

「二番弟子なのになぜ『志の八』と名付けたのですかとよく尋ねられるのですが、命名した師匠の私にもはっきりとは思い出せないのです。でもきっとこの男を弟子にすると決めた時、私の脳裏に末広がりの大きな八の字が浮かんでいたのだと思います。(略)大師匠にあたる立川談志の落語魂も受け継いでいく芸人の一人として、いままで以上に精進していきます立川志の八を、新しい志の八を、どうか幾重にもお引き立てくださいますよう、心よりお願い申し上げる次第でございます」

もう本当にスゴイですよね。最初は思い出せない忘れたで落としておいて、でもそっからシッカリとバッチリと盛り上げていく。その巧さにガッテンであります。

僕の場合は真打認定証という形で師匠が大きな半紙に墨で書いてくれました。

「桃栗三年　柿八年、キウイは目出たく二十一年　馬鹿もまとまって来た　真打にしちまえ。平成二十三年　七月一日　立川談志」

日付は僕が真打昇進する日に合わせてのものなので先ですが、震える手で書いて下さったのが判る筆跡で、この日に来れなかったのも仕方ないと思いました。今でも額に入れて飾っております。

ちなみに僕のパーティーを5月21日にしたのは3度目の破門の日がそうだからで、敢えてそれに合わせたんです。

そうしたら奇しくも師匠の月命日にもなり、ここでもまた不思議なご縁を感じました。そういうことってあるんですよね、偶然だとしても。

その年は未曾有の天災があり福島のこともあったので、引き出物は三点セット（口上書き・手ぬぐい・扇子）の他に東北支援セットとして石巻の奇跡のサバ缶、一ノ蔵、起き上がり小法師の三点にさせて頂きました。

志の八のパーティーがあって少ししてから志の輔師匠にお会いしたら、こんなことを話してくれました。

「弟子を持ってみて、そして真打にしてみて、それで初めてわかることがある。本当に大変なことだ。そう考えたら師匠（談志）は20人くらいしてきたんだから、本当にスゴイことだよなぁ……」

シミジミ言ってました。そしてこう話しかけてもくれました。

「キウイ、師匠は本当にスゴイぞ」

「そうですよね」と僕。

「だってキウイまで真打にしたんだもんなぁ……」

何も言えませんでした。

「師匠に意味があるとしたら、毎度いう、落語の歴史の中にいたということを残してやれることだ」

これは何かの折々で師匠が言っていたこと。僕も末席の末席に残して頂けました。

そしてパーティーや披露目の落語会の出席こそ叶いませんでしたけど、師匠から実はこれが僕に送る祝いの口上だったんじゃないかと、今にすればそう思えるものがあります。

「お前は俺の弟子なんだ」

こんなことを左談次師匠に聞いたことがあります。２度目の破門についてでした。

「どうして上納金の未納分の支払い、真打は未納分だけ、二つ目は倍、そして前座は３倍だったんですかね」

師匠が亡くなった翌年、寄席の帰りの赤ちょうちん。呑みながらです。ちなみに上納金とは看板料。２度目の破門はお金のことでした。

この違いが不思議議で、僕も何か判らないことがあると左談次師匠に聞いてましたから、何だかズッとモヤッとしてたので聞いたんですね。

そしたらこう答えてくれました。

「そりゃ俺たちは師匠からすれば、先妻の子みたいな感覚だからじゃねぇか」

つまり文字助師匠（現在はフリー）、里う馬師匠から談幸師匠（現在は落語芸術協会に移籍）までは寄席育ち。所属は落語協会という団体でした。

そして志の輔師匠から談吉までが自ら立ち上げた落語立川流。

すなわち離れた落語協会を先妻、今の落語立川流を再婚した今の妻に例えたわけで、確かに落語協会の時に入門した弟子に上納金の決まりはありませんでした。

途中から急に上納金制度が導入されたんですからね。でも師匠の言うことであれば弟子は従うしかありません。

「だから本当は一律にしたくても負い目みたいなのがあって、だけど志の輔からってのは露骨だろ？　それで二つ目は倍、お前たちが3倍ってことになったんじゃねぇかな。わかんねぇけどな」

なるほど、そういう見方もあるのか。師匠が相手によって異なる判断をするのはよくあります。

でも本当にそうなのかは師匠にしか判りませんし、今では答え合わせも出来ません。しかし何となくその時は腑に落ちた気はしました。

だけど前座3倍はキツかったよなー。未納分で一律は無理だったのかな。そんだけ怒ってたんでしょうけど。

「ただな、同じ弟子だとしても先妻の子ってのもな、寂しい瞬間もあったりするぞ」

ふと出た左談次師匠のその一言は妙に印象に残っています。

そしてこうも言ってました。

「お前たちは噺家の弟子というより、談志の弟子という色が強い」

その左談次師匠が真打昇進したのは82年で、もちろん落語協会での真打です。その祝いの口上で師匠がこう言ったそうです。

「俺は左談次の芸は判らない。ことによるとこれが新しい時代の落語なのかもしれない」

そしたら左談次師匠は言い返したそうです。

「俺もあなたが判らない」

どっちも判らないって言ってますけど、その話を聞いて何か妙な点で似通ってるなっていうか、左談次師匠にも談志の色を強く僕は感じました。

似通ってるといえば、こんなこともあります。

これはとある落語会でのこと。そこで楽屋に僕を嫌う方がいたんですね。嫌われるのは僕の不徳の致すところかもしれませんけど、時間が押してるわけでも何でもないのに、出番前に僕の持ち時間を半分にして降りてこいと言われた時、

「キウイ、お前は持ち時間キッチリやれ。もし時間が足りないなら俺のを半分やる」

と、その方の前で言って黙らせてくれたのが左談次師匠でした。

そして師匠でも同じようなことがありました。

僕が真打昇進が決まった時のことです。横槍が入ったんですね、要は僕の真打を取り消して下さいという意味のものが。

そうした声はやはり切ないですよ。それで師匠と根津宅にいた時、なぜか急に言われたんです。思い付いたように脈絡なく、それはいつもと変わらずに。

師匠からペットボトルの水を持ってこいって言われて、それを冷蔵庫から出して渡したら、座椅子にいた師匠は老眼鏡から上目遣いでチラリ僕に目をやり、

「俺が真打にするんだ。他の奴は関係ない。お前は俺の弟子なんだ。俺がついている。下らないことは気にするな」

そう言ってペットボトルの水をグビリと呑み、また何もなかったようにテーブルのメモの紙に手を伸ばしました。

黙って聞いてましたけど、本当に嬉しかったです。

「放送禁止文字（弟子への最後のメッセージ）」

11年に真打昇進した僕でしたが、真打のパーティも披露目の落語会にも師匠が参加してくれることは叶わず、それは体調を考えたら無理はないのですが、まぁ寂しくないと言ったらウソになりますよね。

そういやお客さんから、

「キウイ師匠、出る出る詐欺ですよー」

と言われたりして、もうほんと申し訳なかったです。

でも師匠は前の年の10年12月8日、僕が入門して20周年記念の会にはフラリと来て下さったんですね。お江戸日本橋亭でのことでした。

「兄さん」

誰かと思ったら談吉が日本橋亭の楽屋入り口にいて僕を呼んだので、遊びにきてくれたのかと思ったら後ろに師匠がいるじゃないですか。もうビックリですよ。

「挨拶に出てやる」

師匠はそう言って高座の袖に。もう声もガラガラで少し足どりもおぼつかない感じでした。それを押しての飛び入り出演です。もちろんノーギャラ。

でもこの時はそうは思わなかったのですが、翌年に亡くなった時、師匠はもしかしたら自分はこいつの披露目まで生きていないかもしれないと、そう思って談吉を連れて来てくれたんだなと、そんな親心にやっと気づきました。

というか、それぐらい師匠は死ぬはずがないと、本当に当時、信じきってましたから。

この時の番組です。

◇立川キウイ20周年記念の会

『ざるや』らく太（志獅丸）

『強情灸』キウイ

『大工調べ』キウイ

『ジャックと豆の木』坂本頼光

『サザザさん４』坂本頼光

『ご挨拶』談志

『お血脈』キウイ

その時に録った音源から一部、師匠の御挨拶を書き起こします。

大変な拍手に、「おおーっ」という声の中、師匠は高座の前に立ちました。

「ええ、ねぇ、こういうところで、これだけの人数相手に喋るなんて滅多にないからね。二度目かな、ここへ来たのは。わりとキレイにできててね。こんなところで生きてるって優雅なもんだよ、うん。

どうもね、声が出なくなっちまった。ションベンは出るんだけど声は出なくてね。何のかんのと、ええ、映画ばかり観てんだ。ヒマっていゃあ、ヒマなんでね、うん。することとならあるんだよ、ヤル気ならね。

まあ、そうね、食い物も、そんなに食えなくなっちゃったの。ここから覚せい剤談義に入るとキリがないから、今日はやめとく（客席爆笑）。

そいでキウイの奴を真打にするって話があるんでね。ことによると真打になるんでひとつ。ことによらないとできないよ、ありゃ、うん（爆笑・拍手）。

でも人間どこで何があるか判らんですよ、判らないもんです、ええ。ほっとくとああいう馬鹿は何するかわかんないからね（笑）。

これから新橋演舞場へ行ってきます。それから銀座のバー。キウイがバーテンで手伝ってますけど、バーテンたって水割りしか作れねぇんですけど、何もできない。やっとビールの注ぎ方を覚えてね。

まあ、あの、帰りましょう。うん。一緒に帰ってもいいよ、別に（客席爆笑）。

そんなところでね、ここで会えたのも一つのご縁かもしれません。こんな声になりましたけど、まだまだ生きてます。どうもありがとう、ごゆっくりしてってください（客席大拍手）」

これが僕にとって師匠の口上となりました。ほんと物事って何がどんな風になるか判りませんけど、こうしてわざわざ来て高座で何か喋ってくださっただけで僕は十分。

そしてもう一つは美弥。翌年5月21日の真打パーティーに欠席した師匠が、5月25日、来て下さったんですよ。師匠の気遣いです。これが、僕にとっての師匠との真打パーティー。この章の扉写真はその時に撮ったものです。

もう声は出せなくて筆談でしたけど真っ先に伝えて下さったのがこの一言。

「母ちゃん喜んだろ」

師匠は何より母のことをズッと気にしてくれていたんだと思います。そうして色々と忘れず気に留めてくれる師匠でした。

そして一緒に来てくれていた娘の弓子さんから師匠は、

「俺は行かなくていいのか」

と言って、その日ズッと気にしてくれていたと聞きました。

そして美弥の階段で僕が師匠の手をとって上ったことを忘れないでいてくれて、「アリガトウ」という気持ちでパーティーのコメントを書いていたということも。

1時間ほど居てくれたでしょうか。師匠はウーロン茶でしたけど僕はビールを頂きました。師匠は久しぶりの美弥を楽しんでいたようで、意識不明になる直前まで、

「美弥へ行きたい」

と紙に書いてたくらいのお店でしたからね。美弥は大事にしてました。

僕も随分と美弥にはご厄介になり、長く長くお手伝いで居させてもらいました。そして色々な方と出会えて、本当によくして頂きました。それは忘れていません。

何より師匠のお話をどれだけ色々と聞けたことでしょうか。師匠が志ん朝師匠に「志ん生をつげよ」と話したのも美弥です。

本当にありがとうございました。感謝。

これは11年12月21日。ホテルニューオータニでやった談志を偲ぶ会。そりゃ寂しさは

あるけれど何だかカラッとした雰囲気で、きっとこれが葬式だったとしても同じ空気だったでしょう。不謹慎だとしても、それが芸人の見送り方。

石原慎太郎さんからビートたけしさんから高橋英樹さんに高木ブーさんに著名な方が書ききれないほどズラリ。もちろん山藤章二さんもいました。

中でも僕は海老名香葉子オカミさんがいらしてて、鈴々舎馬風師匠も弔辞というかご挨拶をされてたんですけど、そうしたのをジーッと見守られていたのが印象的でした。

そして毒蝮三太夫さんは偲ぶ会を〆たんです。

「立川談志が生き返って来ないようお願いして三本締め、イヨオォ〜ッ！」

毒蝮三太夫さんのその発声で最後はシャンシャンシャンシャン。明るく解散。

そして橘家圓蔵師匠。会場でバッタリお会いした時、

「誰だお前は？」

僕を見て第一声がそれでした。知って下さってるはずなのに。でもそれが圓蔵師匠らしさという感じです。しかしすぐに、

「あんちゃん、大丈夫か？」

やはり圓蔵師匠も堪えてらっしゃる気がしました。それは僕にではなく、もしかした

らご自身への言葉だったかもしれません。

お帰りになるというのでエレベーターのところまでお見送り。

そしてエレベーターに乗り、戸が閉まる間際、少し元気なさげだけども、

「談志さんによろしく」

と言って手を振られたんですね。

ビックリしました。どんな時でも洒落を忘れない圓蔵師匠のスゴさを感じました。最高のブラックジョークですよ。だって師匠はもういないんですから。

しかし哀しさにあふれてます。実は洒落でも何でもなく、マジな思いだったのかもしれません。

その圓蔵師匠も、15年にお亡くなりになっています。

とにかく何より美弥は師匠と弟子が最後に会った場でしたからね。亡くなる3ヶ月前の8月のこと。

ほぼ全員が集まった貸切りの中、弟子の誰かが切り出したんです。

「師匠、我々に何かメッセージを」

すると喋れない師匠は、固唾を飲んで見守る我々に震える手で書きました。

それは女性の秘密の花園の四文字。

その場はウケましたよ。しかし帰りのタクシーで一緒だった龍志師匠は泣きながら言ってたんです。

「何でオ◯ンコなんだよ」

そんなに秘密の花園は泣けるものじゃないけど、龍志師匠もこれが最後だとわかってるから寂しかったんでしょうね。

そんな美弥も16年に閉店。僕はその前年にあがっています。

とりあえず僕も師匠と最後に会ったのは美弥でした。そして最後のお言葉がそういうものでした。

ちなみに師匠は機嫌がいいと、その絵をサイン色紙に書いてましたて、それを売る時は高値を付けてたっけ。弟子が間違えて安く売ろうものなら大変でしたよ。

「オ◯ンコを大事にしない奴はクビだ！」

それじゃ破門になっても理由を親に話せませんよね。

「（無言）」

師匠と最後に二人きりで会ったのはいつだっけ？

確か、亡くなる年の7月1日。真打昇進の日だ。その日、事務所のはからいで、自宅療養していた師匠と根津の家で会わせてくれたんです。紋付き羽織袴で、真打昇進料（現在はありません）を持って届けに行ったんですよ。

師匠は部屋で、それこそ病院のベッドみたいなとこに寝ていて。満足に動けないから、だから来たら部屋に勝手に入っていいって言われて。鍵がかかってない玄関から入れば、奥の部屋で師匠は寝ていました。

もうその時は喉に穴を開けていたから声は出せません。だけどニコーッと、すっごい笑顔で僕を迎えてくれました。事前に聞いていたでしょうから、それこそ僕を待っていてくれたのがすぐに伝わる笑顔でした。

「（無言）」

もちろん師匠は喋れません。だから何の会話もなかったけど、師匠が何を言いたいのか、目で、表情で、雰囲気で、チャンと判ったし感じました。

「昇進料です」

耳は聞こえますからね。そう言っておずおずと丁寧に包んだ昇進料を差し出したら、さっき来た時よりも、それ以上の笑顔で脇にあるスイッチを押して、「ウィーン」とベッドが起き上がり、そして右手が僕の前に静かにゆっくりと近付いてきました。

こういう時の無言って威圧感ありますね。「早くよこせ」とも何とも言葉は一切ないのですが、渡さないと生きて帰れないんじゃないかという迫力がありました。

「うん、やっぱり師匠だ！」

何だかよく判らない納得と感動をしました。師匠はこうでなくっちゃって、まだまだ元気だぞって。

もしもこれで師匠が手を横に振って、「(昇進料は) いらない」とやったら、あぁ……もう本当に長くないなと思ったかもしれません。

そして帰る際、歩けないから僕が師匠を介添えしながら玄関まで一緒に行って、それで見送ってもらったんですね。

それが二人きりで会った最後でした。

そういえば師匠との色々な最後が他にもあります。とりあえず日記を開いて彼是《あれこれ》と確認をしてたら目に入ったので書きますが、師匠と最後に一緒に入った銭湯が92年の2月で練馬でした。

練馬宅で前座が二人留守番。そして僕が一人で師匠にくっ付いて近所の銭湯へ。畑を通って向かう銭湯はなかなか味わい深く、また夕焼けが赤々と燃えてる頃合いだと、本当に「いいなぁ〜」と思います。

「銭湯は裏切らない」

師匠の名言です。しかし一度だけ裏切られたことがあるそうです。

「本日休業」

その日は無事に営業してまして、そして脱衣所で脱いで湯殿へ。

そうしたら客の一人が湯船の湯を傍にある水道でジャブジャブうめていたんですね。

その人には熱かったんでしょう。

それを見た師匠は、

「バカヤロウ！　野郎は銭湯のマナーを知らねぇ。湯を水でうめる時は周りの人に一声かけてくんだ！」

と僕に小声で怒りました。

「おい、お前、奴の目の付くとこで水をジャージャー出してバシャバシャやってこい」

イヤミをやってこいということなんでしょう。そう言われたのでその人が入っている近くに寄って、まずは水をジャージャー湯船に出して、そして僕はバシャバシャ水をかぶりました。冷たかったー。

でもその人も鈍感で何も気付かず感じず、ただ僕は湯をうめて水をかぶってるだけ。

そしたらお年寄りの一人がスーッと僕に近付いてきて、

「あなたね、若いから知らないのかもしれないけど、湯を水でうめる時には周りの人に一声かけるものなんですよ。おぼえておきなさい」

と、穏やかに話してくれました。

「……すみません」

そのお年寄りに謝って、そしてヒョイと師匠の方を見たら師匠がいないんですよ。

えっ？　えっ？　どこに行ったの？

慌てて脱衣所に行ったら、師匠は体を拭いていて出ようとしています。そして僕に近付くなと手でシッシッ。

ともかく、僕も体を拭いて服を着て外に出て師匠の側に寄ったら、

「バカヤロウ！　状況判断をしろ状況判断を。あれじゃ俺が湯をうめさせに行ったように思われるじゃねぇか。もっと臨機応変に動け。失格だ」

と怒られました。

「お前のせいでゆっくり入れなかった。風邪をひいたらお前のせいだ」

すごく根にもった印象でしたよ。それが師匠と最後に一緒に入った銭湯です。ちなみに師匠の言う状況判断とは、今でいう空気を読め。そして考えて動けと。

「状況判断が出来ないのを馬鹿という」

師匠がよく色紙に書いてました。その空気読めないをこじらせますと……

「馬鹿は隣の火事より怖い」

せっかくなのでもう一つ。師匠と最後のアンパン、それは師匠にくっ付いて埼玉は深谷に行った時のこと。

「師匠、すみません。助けて下さい」

何かの寄り合いに師匠が顔を出したら、そこに新聞販売店の人がいて、たまたまその日に限って夕刊を配る人がおらず、要はお弟子さんを貸して下さいと。

「私しゃね、山田太郎の『朝刊太郎』って歌が好きでね。おいキウイ、お前〝夕刊太郎〟やってこい」

そう言われて見知らぬ団地の何棟か、夕刊を配ることになりました。

「ありがとうございます。ありがとうございます」

販売店の人から大変に感謝されたけど、もちろん1円にもなりません。そしたら帰りに師匠がアンパンと牛乳を買ってくれました。

「若い新聞配達はこれだ」

当時は僕も20代でしたが、別に新聞配達を目指して入門したんじゃないよなっていうのをおぼえています。

それが師匠に買ってもらった最後のアンパン……というより、最初で最後のアンパンです。

師匠といると、色々なことがありました。

「家元にも若い者の行動は理解りません」

「洋一郎、師匠から手紙よ」

母からそう言われてビックリしました。だって師匠が亡くなって何年も経ったあとのことでしたから。

何？　何で師匠から手紙？　偽者？

そうしたら例によって母の自分だけわかっている説明で、正確には、

「師匠から頂いた、昔の手紙が出てきたわよ」

ということだったのです。02年7月4日の手紙で3度目の破門の後、母が師匠と僕の縁が切れないようにとお中元を送り、そのお礼状でした。

いや、お礼状というより僕も読むと思って書いたメッセージみたいな感じです。初めて読む手紙。

『贈り物感謝です。

破門は目的ではなく手段なのですが……困ったものです

何故なのか家元にも若い者の行動は理解《わか》りません
唯、立川流に居る、それでいい……としか考えられません、それでは良くないとの判断なのです、何故なのか弟子達にも判らないでしょう
これが困るのです
ま、人生成り行き……
それを見ています
家元の厳です
それぞれの弟子が前途を考えるべきでしょう
7／4』
何だかズッと刺さってた小さなトゲが、この時にとれた気がしました。
「破門は手段」
目的じゃないって本当は判ってたんだけど、ズッとどこか破門PTSDしてましたから。
「いいからやれ」
そういうことだったんだと思います。

だって破門なら門を閉じたままにすればいいのに、歌と踊りをチャンとおぼえてこいって課題を出して復帰の道を残しておいてくれたのは、やはりそういう意味だったんだと思います。そしてその歌と踊りも実は手段で、本当はもっと先にあるものを伝えたかったのでしょう。

それは価値観だったんじゃないかしら。だから大八倖は「こいつら判ってない」というキッカケ。師匠は常々こう言ってました。

「師弟とは価値観の共有関係である」

だけど僕は手段ばかり見てて目的を見ておらず、ですが手段が手段だっただけに大変で、言い訳ですがやはりそれでアップアップしてしまってました。でもあの時は実力や結果はまったく伴ってなかったけど必死でした。

「いいからやれ」

まずはやらなきゃ、何だって始まらないですもんね。

ヤル気だって行動から掘り起こせます。

しかしこの手紙を当時、なぜ母は見せてくれなかったんでしょうか。

でも今だからより判る気がします。当時はまた違う受け止め方をしていたでしょう。

これは、母がトボけた人だからよかったのかもしれません。それは見せてくれなかったのではなく、何やら師匠からの手紙なので大事にしなくちゃと思って仕舞ったら、そのまま忘れちゃってたという、そういうことでした。

「母ちゃんの方が面白い」

ほんとそうですね。

それともう一通。これは真打になった時に頂いたコメントで、こっちは当時も読んでましたが改めて今、やはり読み直してみると伝わってくるものが違います。

だって後から美弥で弓子さんから話を聞いてたのもあって、そりゃ違いますよ。そうだったんですねって。

『よくガンバッタ、偉い　ほめてやる

随分助けられた

ダメな奴でも何とかなるもんだという見本

オメデトウ

立川談志』

何で僕を本で真打にしたのか。

「ありがとう（さよなら）」

それを口ではなく、形にして言ってくれたんでしょうね。

「気持ちは判ったから行動で示せ、結果を見せろ」

そう言っていた師匠が、自ら示してくれたのだと思います。

いや、それも本当は判ってたんですよ。僕がクヨクヨして悪く考えていただけ。

ある日突然、思ってもみないことで自分の生活がガラリと変わる。今の状況や環境を当然と思ってしまってて、このまま続くもんだと疑わずにいる。

それは日常を変えたくない気持ちのせいかもしれません。でも違う。

実は簡単に壊れるし変わってしまう。これは誰にでも何かで起こり得ること。

僕はそれを破門で学べました。

文字助師匠がシミジミ話してくれたことがあります。

「どうにもならない時ってある。そんな時はヘタに動くな。ジッと辛抱してろ。いつか何かチャンスがきたらパッと飛びつけ。辛い上に辛いことがおきて、もう沢山だって思ってってもまだ辛いことがあったりする。でも辛抱だぞ。最後まで辛抱できたら勝ったも同じだ」

時おり沁みることを言ってくれるんですよ。でも酔っぱらうと駄目。

「お前は何とかしようという向上心がないのか！」

向上心どころか、今こうしているだけでも精一杯の時だってあります。

それも含めて師匠は見守り、こいつを何とかしてやろうと思って、手段は乱暴でしたが、そうして弟子を育ててくれていたんだと思います。

ものごとは早い見極めもいいけど、最後まで見届けることも間違いではないですよね。

居なくなってからもまだ教わることのあるのが「師匠」なのでしょう。

「キウイ、弟子の恩返しはな、師匠がいなくなっても、その名を忘れさせないことだ。そして後に繋げていくことだぞ」

志の輔師匠も沁みることを言ってくれます。これもまた落語家の生き方。

「談志さん、ピラミッドの石だかを解読したら、なんと〝今どきの若い者は……〟とあったんですよ。これはとても大切なことで、年寄りのグチではなく、神が言わせてるのでしょう」

これは師匠が手塚治虫先生から聞いたことです。（自分も言われてきたが）その通りにも今は思えるって話してくれたっけ。

「目玉焼きと日の丸と下手投げ」

「師匠がいるっていいなぁ……」
そう強く思ったのが、柳家三三さんを見てでした。
あれは師匠が亡くなった翌年、2012年3月16日の東京落語会です。
NHK『日本の話芸』という落語のテレビ番組がありますが、そこでOAする高座を撮る落語会で、そこに僕も呼んでもらえたんです。
といっても、真打になったご祝儀での出番。もちろんOAされることはありません。
その日の番組です。
『反対俥』立川キウイ
『天狗裁き』林家彦いち
『文違い』蝶花楼馬楽
『百年目』三遊亭圓輔
『明烏』金原亭世之介

『千早ふる』柳家小三治
やはり小三治師匠が出られるので、お客さんが沢山いらしてました。

その時にお弟子の三三さんが来てまして、一応は僕の方が先輩なんですけど、人気実力ともに三三さんの方が上ですよ。そして真打も先。

「キウイ兄さん、ご無沙汰してます」

「いえいえ、もう、そんな、ありがとうございます」

そこまで恐縮することはないんですけどね。

そしてその時、弟子だから当たり前なんですが、楽屋で前座にはやらせず真打だけど小三治師匠に着物をきせて、脱いだらたたんで、それを見ていたら、僕にはもうそれが出来る師匠がいないんだよなぁ……って。

師匠が死んでまだ3ヶ月かそこらでしたから、何かシンミリとしてしまいました。

それより何より小三治師匠の高座、三三さんは袖でジーッと食い入るように聴いてるのを見ていて、

「師匠が生きているっていいなぁ……」

それを本当に強く思いました。

そして僕は自分の師匠のはもう聴けないんだって、だってもういないんだからって、それが肩や背中のあたりから、何かのしかかるような感覚でおそってきました。

しかしまさか死ぬとは思いませんでしたね。ズッと生きてると思ってました。

そりゃいつかは人間だから死にますよ、間違いなく。でも死なないと思ってました。理屈に合わなくておかしいけど、わかっちゃいるけどそう思えずにいました。

もしかしたら人間ではなく、談志という別の生命体に思ってた気もします。

師匠はとにかく絶対であるという落語界のルールはルールとして、でも実は師匠にも善し悪しだって間違いだってあるし、クセも強いし、洗脳といったら大袈裟ですが、要は依存ということかしら。

そっから抜け出さなきゃいけない。もっとシッカリしなくちゃ。けど、それだけ強烈な人だったんですよ。だから困る。

師匠は、こんなことを高座のまくらで喋ってたっけ。

「別れって何だい？」

「そりゃ目玉焼きと日の丸と下手投げだろうよ」

イリュージョン落語ってやつですね。

「お前んとこの縁の下で飼ってたキリンどうした？」

「家出したよ」

「何で？」

「とっくりのセーター着るのが嫌なんだって」

「象より大きな動物はいるかい？」

「大きな象ですね」

　懐かしいなぁ……。

　二つ目って何だい？　そりゃ大八俥と宮沢りえと軍歌だろうよ。今にして思えば師匠は、イリュージョンをリアルに残してくれてたんですよね。

「何か一つ残ればそれでいい。そういうことにしておく」

　一つじゃない。師匠はたーくさん残ってる。誰でも誰かを失えばどうしたって追いかけてしまうものですが、追いかけても居ない人は居ない。

　だとしたら、今の関係を大事にしなきゃですね。

　普通に会えてた人と突然に会えなくなることもある。会えるけれども関係が壊れてることもある。

とりあえず会いたい人には会うようにしよっと。

しかし、そうしたらやっぱり……師匠に会いたいな。

いや、会うために、会うつもりで、この本を書いてるんだっけ。

ほんと10年なんてアッという間だ。

何かまた師匠の小噺を思い出しました。

「二十一、二十一、二十一、二十一……」

橋の上で腕組みしながらブツブツ数をつぶやいてる男がいる。

何だろうと思って横を通ったら、いきなり橋の下に投げとばされて、

「二十二、二十二、二十二……」

あとがき　「二つ、いいことはない」

そんなわけで、いかがでしたでしょうか。

改めて書き終えてみて、喋ると書くは繋がってることを実感しましたね。

「書けない奴は駄目だ」

師匠がそう言ってた意味も、身をもってもう一度知りました。

特に書くことは、自分と向き合い闘うことでもあるなと思います。

それで書くことを難しくしてしまうのも自分だし、また気負いもあったり、怖気づいたり、つまり自分にないものは書けないし、自分の力量を超えたものも書けません。それ以上に最後は気ですね。これは書くことも喋ることも同じ。

出来ることを一つ一つ積み重ねて試行錯誤して進めていくのは、これはどんな道でも同じじゃないでしょうか。

本作を書いた時期はコロナ禍。そして実は、去年の２０２０年12月で僕は落語家になって30年になるんです。

だから立川キウイ30周年で何か落語会を考えていたのですが、コロナです。密になるんで人を集めちゃいけないんですから、こりゃどうにもできません。

それは真打昇進の時もそうでした。震災のこともあって自粛自粛で落語会を思ったようには出来ず、まぁそういう巡り合わせの人間なんだなと。そうした中での本を書くお話でしたから嬉しかったですよ。

「キウイ、なんか書いてみな」

師匠のそんな声が本当に聞こえた気がしました。キウイ30周年に合わせられればよかったのですが、談志没後10年に刊行となりました。

「お前じゃねぇ。俺の方に合わせろ」

師匠がそう思ってそうしたんでしょう。師匠は何でも仕掛けるのが好きでしたし。

師匠だったら今このコロナ禍の状況を何て喋ったかなと思います。それで寄席にお客さんを集めた方でしたからね。想像してみます。

「地球がね、人間に怒ってんだよ、いい加減にしろって」

そんな感じかしら。だって師匠は常々こう言ってましたからね。

「このままいきゃ、そのうち文明は地球と刺し違える」

「一番の地球環境保護の運動は、人類の死滅だ」

「人間とは自然に適さない生物。それを補うのが文明だが人間を超えている」

だからその人間の社会についても、

「人間は常識であり道徳やルールでがんじがらめ。ふりかざす正義なんて迷惑だ」

「人間のつくるシステムには無理がある」

「みんな金でつながってる。道理より利権、保身の世の中。幸福の基準を持とう」

と言って、

「芸人とは基本的に非常識なことを考えて語り、聞く人の心のガス抜きをすることで世の中から存在を認められるのだ。ユーモアは不幸を忘れさせる」

という立場で何でもシャレのめし、己を語る方でした。

「コロナで行くとこなきゃ寄席がいいよ。○○がトリならガラガラで安全だよ」

そんなことを言ってたかもしれません。

「いいの、もうね、地球もナムアミダブツ。でもね、俺ん家とね、近所にあるスーパー、これは残しといてもらいたいね。あと北千住も残そうじゃねぇか」

師匠は、やけに北千住がお気に入りでした。「北」が好きなんでしょう。

「日本人は鎖国が一番合ってるんです。だから俺なんかね、家から一歩も出ないの。うどんかけ喰って、小便して、J&Bのハイボール呑んでマスクして寝ちゃう」

「サァ殺せえ――」

ほんと何て言ってましたかね。やっぱわかんないや。

「二つ、いいことはない」

これは師匠がよく言っていたこと。

「一つあれば十分さ」って。

例えば「Go To」なのに「不要な外出は避けて」って、これは基準がなくての矛盾。「経済」と「感染防止」もね。これに限らず何であれ、両方よいことはなかなかありません。ならば自分の本心の方を優先。とにかくあとは運。

人生はうまくいかないもんだし、どうすりゃいいのか判らなくて思考ストップ、先がモウモウとして見えない時は、師匠の名言。

「人生成り行き」

そしてもう一つ。

「勝手に生きろ」

もちろん、程度はあるにせよ、最後は誰だってそうしちゃうんじゃないかな。

ビートルズも「レット・イット・ビー（なすがままに）」って歌ってたし。

「上品とは欲望に対してスローモーな奴」

つまり誰でも欲はある。落語はそれを肯定する。でも師匠はこうも言ってました。

「何でも手に入ってはいけないし、また入るもんじゃない」

自分の身の程というものを知るべきだと。

「人生なんて喰って、寝て、やって、オシマイ」

「人間そこそこ普通に生きてりゃ十分。欲を出したらキリがない」

そうも言ってました。そうですよね。俯瞰して見たら人生そんな難しくないはず。もっと単純なはずです。何とかなるものはなるし、ならないものはならないし。

人間は普通に平凡に生きることが一番簡単なのではなく、実は普通に生きられないものなんじゃないかしら。誰だって色々あるし、僕は自分の生活を守るので精一杯。

ともかく僕も54歳。入門した時の師匠と同じ年になります。

「人生を私物化しろ」

これは自分に軸を持って生きろと師匠は言ってるのでしょう。身勝手に生きろではありません。さて、これからも何とかやっていきます。何でも続けていれば何かイイことありますよ。例えば、この本を書かせてもらえたように。イイこと一つありました。

「今日一日、無事で生きられることを富という」

師匠は自分でもよい出来の噺がやれたと思った時、カーテンコールのような形で、高座からお客さんに向かって出逢えた感謝をそう伝えていました。

この本は師匠がいて、そして談志の弟子で落語家で、色々な巡り合わせのおかげによる一冊です。


師匠、なんか書いてみました。

令和3年マスクで余計に暑い盛夏　立川キウイ

本文写真／著者提供

立川キウイ　本名・塚田洋一郎。

1967年１月、東京都板橋区生まれ。

90年12月、立川談志に入門。落語史に残る、前座生活16年半を経て、2007年二つ目、11年に真打昇進。

出囃子は「木曾節」。

Ⓢ新潮新書

926

談志《だんし》のはなし

著　者　立川《たてかわ》キウイ

2021年10月20日　発行

発行者　佐　藤　隆　信

発行所　株式会社 新潮社
〒162-8711　東京都新宿区矢来町71番地
編集部(03)3266-5430　読者係(03)3266-5111
https://www.shinchosha.co.jp
装幀　新潮社装幀室

印刷所　錦明印刷株式会社

製本所　錦明印刷株式会社

ISBN978-4-10-610926-3　C0270

価格はカバーに表示してあります。